DIE FRAU
DES DIREKTORS

Für Marlina und ihre Töchter

Nina Zumthor

DIE FRAU DES DIREKTORS

Annelise Leu, die Schweizer Hotelpionierin

elfundzehn

Wir danken herzlich unseren Partnern für die Unterstützung.

Die Frau des Direktors
4. Auflage 2019

Gestaltung: fraufederer.ch
Coverfoto: Kulturarchiv Arosa-Schanfigg
Lektorat: Fabienne Leisibach
Druck und Bindung: Grafisches Centrum Cuno, Calbe
ISBN: 978-3-905769-41-8

Besuchen Sie uns im Internet: www.elfundzehn.ch

Inhaltsverzeichnis

Meine Familie

Wie die einer Wasserleiche sah sie aus, meine Haut. Das sagte zumindest die Mamme. Ich kam drei Wochen zu spät auf die Welt, drei Wochen nach dem errechneten Termin. Ich schielte derart, dass ich kaum etwas sehen konnte. Ausserdem verklebte ein Urseli das eine Auge. Heute deute ich das so, dass ich gar nicht auf die Welt kommen wollte, und nachdem ich dann doch da war, wollte ich sie nicht sehen. Auch der Pappe hatte keine Freude; schon das zweite Mädchen. «Comme elle est laide», hatte er bei der Geburt der Maya im November 1930 gesagt. Aber da hatte er mich noch nicht gesehen.

...

Ich, Annelise Liniger, wurde am 18. Dezember 1931 geboren, in Visp im Kanton Wallis. Mein Vater, Max Liniger, arbeitete dort als Chefingenieur für die Firma Lonza. Meine Mutter, Irmgard Thiele, war Berlinerin und kam mit Verdacht auf Tuberkulose in ein Sanatorium nach Montana zur Kur, irgendwann im Winter 1928. Mein Vater besuchte dort eine Bekannte. Er fuhr mit dem Bugatti vor, das war eine Sensation damals. Alle Leute seien vors Haus gekommen, um sich das Auto anzuschauen. Dort sah er die Irmgard. Es war Liebe auf den ersten Blick.

Sobald die Mamme an Ostern nach Hause zurückgekehrt war, reiste der Pappe im Sommer nach Berlin, um offiziell beim Vater

Adolf Thiele um ihre Hand anzuhalten. Danach sahen sie sich erst zur Hochzeit im Dezember 1929 wieder. Das heisst, sie kannten sich fast gar nicht. Meine Mutter zog zu meinem Vater. Von Berlin nach Visp – das muss ein Schock gewesen sein.

Sie fuhren mit der Eisenbahn, gefolgt von einem riesigen Möbelwagen, der die Aussteuer transportierte. Die Mamme brachte die gesamte Wohnungseinrichtung mit: Salon, Esszimmer, Schlafzimmer, Kücheninventar inklusive Porzellan, Gläser und Tafelsilber für zwölf Personen sowie Tisch- und Bettwäsche, natürlich handbestickt. Das war üblich, ein Mädchen konnte eigentlich nicht heiraten, wenn es nicht mindestens eine Aussteuer mitbrachte. Obwohl die streng genommen nur das Kleininventar beinhaltete. Von den Reichen wurde allerdings erwartet, dass sie neben der Aussteuer eine Mitgift in die Ehe einbrachten. Ich empfand es immer als Bschiss, dass ich auf jeden Geburtstag einen Silberlöffel oder eine Gabel bekam. Aber die armen Mädchen mussten von klein auf für ihre Aussteuer sparen und stickten, strickten oder nähten einen grossen Teil davon sogar selbst.

Es gibt ein interessantes Phänomen in meiner Familie: Tüchtige Männer heiraten wohlhabende Frauen. Das gilt natürlich nicht für alle Familienmitglieder, aber doch für einige: für meinen Grossvater mütterlicherseits, meinen Grossvater väterlicherseits, meinen Vater und auch für meinen Ehemann. Wobei ich natürlich nicht weiss, ob sie aktiv nach einer reichen Ehefrau suchten. Insbesondere bei meinem Vater glaube ich das nicht. Trotzdem war die Mamme wohlhabend. Sie hatte von ihrer früh verstorbenen Mutter ein kleines Vermögen geerbt und dieses in die Ehe eingebracht. Ausserdem hatte ihr Vater viel Geld verdient. Er war damals nach Brasilien ausgewandert, hatte zwanzig Jahre als Apotheker geschuftet und gespart und das Geld in kleine Häuschen am Stadtrand von São Paulo investiert. São Paulo war in dieser Zeit stark gewachsen. Die Häuschen waren plötzlich mitten in der Stadt gelegen und die Investition meines Grossvaters hatte sich gelohnt. Die Familie war nach Berlin zurückgekommen, als meine Mutter etwa drei Jahre alt war. Ihr Bruder Ludwig hatte eine Hasenscharte und in Berlin war der erste Spezialist ansässig, der das operieren konnte.

...

Auch wenn ich zuerst nicht auf die Welt hatte kommen wollen, war ich doch ein aufgestelltes Kind. Wir waren eigentlich eine fröhliche Familie, schon damals in Visp. Ich war zwar noch klein, habe aber bis heute viele Bilder im Kopf aus dieser Zeit. Einmal zum Beispiel zog uns die Mamme im Winter auf dem Schlitten durch das Dorf. Sie trug einen Persianermantel mit dazu passender Mütze, sehr schick. Die Mamme war eine äusserst elegante Frau. Sie zog also den Schlitten mit viel Anmut, doch die Maya und ich fielen runter. Wir lachten alle drei aus vollem Hals.

Die Mamme gewöhnte sich nach dem ersten Schock schnell an Visp. Am Anfang hatte sie sich komplett fremd gefühlt und nichts verstanden, sie fand dann jedoch rasch Kontakt. Das war ihr Naturell, sie freundete sich immer schnell an. Ihre Bekannten waren in erster Linie Mitarbeiter der «Lonza» und deren Angehörige, auswärtige Leute, die nicht nur Walliserdeutsch sprachen und die sie verstehen konnte. Ich glaube, meinen Eltern gefiel es in Visp. Sie hatten viele Freunde, wurden eingeladen und feierten Feste. Vor allem die Fasnacht. Alle verkleideten sich mit dem Ziel, nicht erkannt zu werden. Aber da hatte die Mamme natürlich keine Chance, sie wurde sofort erkannt mit ihrem Akzent.

Zur Mamme hatten wir ein nahes Verhältnis. Sie war stets zu Hause, sie ging nicht arbeiten und wir waren immer mit ihr zusammen. An Zärtlichkeiten hingegen kann ich mich nicht erinnern. Und der Pappe, der Pappe war einfach da. Er ging zur Arbeit und er trieb Sport, sonst war er daheim. An ihn habe ich keine ausgeprägte Erinnerung aus der frühen Kindheit, das ist seltsam. Es kommt wahrscheinlich daher, dass er keinerlei Draht zu kleinen Kindern hatte und wir nicht viel mit ihm zu tun hatten. Als Buschi fasste er uns kaum an. Vielleicht nahm er uns mal kurz auf den Arm, aber sich aktiv mit einem Kleinkind zu beschäftigen, das wäre ihm nie in den Sinn gekommen. Und es wäre nie jemandem in den Sinn gekommen, das von ihm zu erwarten.

Die Maya hatte in ihrem ersten Lebensjahr schon mehrere schwere Krankheiten: Diphterie, Scharlach und eine Lungenentzündung. Es gab damals noch keine Antibiotika, und gegen eine Lungenentzündung konnte man nichts machen. Man wusste lediglich, dass der Höhepunkt nach neun Tagen erreicht war. Entweder überlebte das Kind diesen neunten Tag und wurde gesund, oder es starb. Auch bei der Maya wartete man also auf ebendiesen neunten Tag. Die Mamme erzählte mir das später selbst, sie sagte: «Ich war ja schwanger mit dir, Aisi, ich brauchte meine Ruhe.» In der neunten Nacht brachte sie das fieberkranke Kind in sein Bettchen, deckte es zu, ging in ihr Schlafzimmer, schloss die Türe und legte sich schlafen. Erst am nächsten Morgen schaute sie nach, ob die Maya noch lebte. Sie schlief ganz ruhig und das Fieber war zurückgegangen. Ich finde diese Geschichte entsetzlich. Die Mamme ging einfach schlafen und überliess das Kind seinem Schicksal.

Ich war anfangs ebenfalls von verschiedenen gesundheitlichen Problemen geplagt. Ich hatte diese Augengeschichte. Ich schielte so stark, dass ich fast nichts sehen konnte, meine Augen gingen über Kreuz. Mit drei Jahren bekam ich meine erste Brille. Die wurde mit einem rosaroten Bändeli hinten am Kopf festgebunden. Gott sei Dank wuchs sich das Schielen mit der Pubertät fast ganz aus. Ausserdem hatte ich in den ersten zwei Jahren Magenprobleme. Ich hatte ständig Durchfall. Man wusste nicht recht, was man dagegen tun sollte, fand keine Behandlungsmethode. Da lernte die Mamme diesen Professor kennen und der riet ihr, sie solle mich mit Bananen kurieren: «Das Kind bekommt eine Woche nur Bananen zu essen, zerdrückt mit der Gabel, bis zu zehn Bananen am Tag.» Der Pappe erwiderte entsetzt: «Das kannst du doch nicht machen, das überlebt das Kind nicht!» Sie machte es trotzdem und heilte mich. Von da an wurde ich ein sehr wildes Kind, aktiv und auch lebenskräftig.

...

Der Pappe war unberechenbar und oft jähzornig. Plötzlich wurde er wütend und rastete aus. Wir bekamen schon als kleine Mädchen Tätsch. Nicht oft, aber es kam vor. An das erste Mal erinnere ich mich gut. Ich war noch recht klein, vielleicht dreieinhalb. Meine Eltern gingen zum Tennisspielen und liessen uns auf einer kleinen Wiese neben dem Platz zurück. Da waren noch andere Kinder; das machten alle so, es fuhren kaum Autos in Visp. Wir sollten dort bleiben und spielen, stiegen jedoch über den Zaun in den benachbarten Schrebergarten. Ich kletterte auf eine Wassertonne. Daneben stand ein Apfelbaum, und ich riss ein paar Äpfel ab, die waren ganz hart und grün, und warf sie den anderen zu. Sofort kam ein Mann angerannt, schrie und fluchte. So etwas löste einen Riesenaufstand aus. Er trieb uns aus dem Garten und beklagte sich bei der Mamme und dem Pappe. Das waren die ersten Schläge, die ich bekam. Aber die gab mir die Mamme, nicht der Pappe. Ich hatte keinen Dunst, wieso ich bestraft wurde. Ich konnte diesen Zusammenhang gar nicht verstehen. Die Mamme nahm mich übers Knie und versuchte, mich mit dem Teppichklopfer zu hauen, aber das ging nicht wirklich, er war zu lang. Das war das einzige Mal, dass sie mich schlug. Von da an übernahm das der Pappe. Ich kann mich gut an den Unterschied zwischen dem

Tätsch vom Pappe und dem von der Mamme auf das blutte Fudi erinnern. Vom Pappe war es viel demütigender.

Ich verstand diese Strafen nicht, und alles in mir rebellierte dagegen, gegen diese Gewalt, gegen diese Übergriffe auf meine Persönlichkeit. Dieses Gefühl kannten damals sicher alle Kinder, es wurden ja alle geschlagen, das war der übliche Erziehungsstil. Man schlug, man machte Angst, man erniedrigte. Ich gehe davon aus, dass diese Wahrnehmung die Gefühle der ganzen damaligen Gesellschaft widerspiegelte. Alle hatten dieselbe Wut, die sie von den Demütigungen ihrer Kindheit in sich trugen. Sie bleibt im Unterbewusstsein sitzen, diese Wut.

Das merkte man der Gesellschaft, in der ich gross wurde, an. Die allgemeine Stimmung war nicht fröhlich, nicht liebenswürdig. Die Menschen waren zugeknöpft, misstrauisch und bitter, niedergedrückt von Kummer und Sorgen. Sicher waren nicht alle so, aber viele, ich würde sogar sagen, der Grossteil der Bevölkerung. Wenn man jetzt über die Verdingkinder liest, unter welch schrecklichen Bedingungen sie aufwuchsen, muss man beachten, dass auch der allgemeine Umgang viel brutaler und rücksichtsloser war. Kinder aus sogenannt wohlbehüteten Familien wurden ebenfalls geschlagen und bestraft und mussten schon sehr früh hart arbeiten. Unter dem Deckmantel der intakten Familie erlitten die Kinder alle möglichen Dinge. Die perfekte Fassade zu wahren, war das Hauptziel. Ich spürte das schon als kleines Kind, lehnte mich dagegen auf und merkte nicht, dass das die anderen Kinder nicht machten, dass offenbar die grosse Mehrheit sich einfach anpasste und die Umstände als gegeben akzeptierte. «So ist halt das Leben.» Dieser Spruch. Das Leben wäre vielleicht eben nicht so; man könnte es auch anders haben.

Man trainierte den Kindern von Anfang an Minderwertigkeitskomplexe an. Diesen ganz grundlegenden Zweifel an sich selbst, dass man so, wie man ist, nicht gut genug ist. Dass man immer eine Leistung erbringen muss, um zu genügen. Ich werde nicht um meiner selbst willen geliebt, sondern nur, wenn ich ein liebes, braves Kind bin. Wenn ich gehorche, dann hat man mich gern. Gehorsam war eines der wichtigsten Wörter in unserer Kindererziehung. Also immer das zu tun, was einem aufgetragen, befohlen, vorgegeben wurde. Es war unwichtig, was man selber wollte. Kinder wurden ständig zurechtgewiesen und beschimpft. Sogar fremde Leute konnten sich erlauben, irgendwelche Kinder abzukanzeln oder rumzukommandieren.

Gleichzeitig waren wir als Kinder aus reichem Haus natürlich verwöhnt. Wir hatten alles, was wir brauchten, und spezielle Wünsche wurden oft an Weihnachten oder Geburtstagen erfüllt. Im Gegensatz zu vielen anderen Kindern, deren Eltern sich fast gar nichts leisten konnten.

...

Meine jüngere Schwester Helga, wir nennen sie alle Muggi, kam im Frühling 1935 auf die Welt. Ende desselben Jahres zogen wir nach Basel. Mein Vater war in Basel aufgewachsen, hatte dann ein Ingenieurstudium an der ETH in Zürich gemacht und sich nach einigen Jahren im Ausland, zuerst in Deutschland, danach in Spanien, auf den Turbinenbau spezialisiert. Zurück in der Schweiz hatte er die Chance bekommen, am spektakulären Grimselkraftwerk mitzuwirken, bevor er nach Visp ging, wo er den Maschinenpark der Firma Lonza betreute. In seiner Heimatstadt bekam er jetzt die Gelegenheit, die Geschäftsführung der Akkumulatorenfabrik Plus AG zu übernehmen und gleichzeitig ein Aktienpaket von fünfzig Prozent der Firma zu erwerben.

So zogen wir nach Basel. Da war es natürlich völlig anders als in Visp. Wir hatten eine schöne, grosse Fünfzimmerwohnung an der Lindenhofstrasse, in der Nähe des Bahnhofs, mit Wohnzimmer, Esszimmer, einer Terrasse, zwei Kinderschlafzimmern und dem Elternschlafzimmer. Sie lag im Hochparterre, da legte die Mamme Wert drauf, dass man das richtig nannte. Das bedeutet, sie lag einen halben Stock über der Strasse. Das war besser als das Parterre.

Direkt unter der Wohnung befand sich der Keller, und von dort aus gelangte man in den Garten. Von unserem Garten konnte man über den Zaun in den Nachbarsgarten klettern und von dort wiederum in den nächsten, so kam man rasch von einem Garten in den andern. Das war zwar verboten, aber das kümmerte mich nicht. Es hatte überall Kinder, und alle kamen auf die Lindenhofstrasse zum Spielen. Wir konnten uns auf dieser Strasse frei bewegen, es fuhren kaum Autos, auch vor dem Krieg nicht. Versteckis, Völkerball und was weiss ich für Spiele machten wir dort. Es war toll!

Zwei Häuser neben uns wohnte die Bea Lanz. Die Bea Lanz spielte eine ganz wichtige Rolle. Wir gluggerten immer. Gegluggert hat man seltsamerweise nur im Frühling, das heisst, eigentlich fing man im späten Winter an, wenn es noch richtig kalt war. Man stand am Trottoirrand und musste den Glugger in einen Dohledeckel schnippen. Wer mit dem letzten Glugger traf, durfte alle, die schon im Deckel lagen, behalten. Die Bea Lanz gewann immer, lauste uns alle Glugger ab und verkaufte sie uns nachher wieder. Es gab klare Regeln: Man durfte zwar tief in die Knie gehen, es war jedoch streng verboten, mit dem Finger den Boden zu berühren oder sich gar abzustützen, damit man besser zielen konnte. Wenn man das machte, also mit dem Finger den Boden streifte, schrien alle Kinder: «Jüdelen verboten!»

Wir hatten ein deutsches Dienstmädchen, die Hilde. Sie war absolut unverzichtbar. Die Hilde hatte nicht nur sämtliche Hausarbeiten zu erledigen, sie musste ausserdem zeitweise auf uns Kinder aufpassen. Wie die Mamme ihr gegenüber vom Pappe sprach! Sie sagte zum Beispiel: «Haben Sie die Schuhe des Herrn schon geputzt?» Die Mamme redete ja auch Hochdeutsch. Viel später war ihr Schweizerdeutsch besser, doch ein furchtbarer Akzent blieb ihr. Auf Schweizerdeutsch kann man das gar nicht so sagen, «der Herr».

Am Mittwoch- und Sonntagnachmittag hatte die Hilde von zwei bis sechs frei, danach musste sie das Abendessen zubereiten. Mittags kochte sie unter der Anleitung der Mamme. Danach deckte sie den Tisch, um dann am Küchenfenster zu warten, bis der Pappe um die Ecke bog. Sofort schöpfte die Hilde die Suppe, damit diese exakt die richtige Temperatur hatte, wenn er sich an den Tisch setzte. Denn der Pappe kam rein, wusch sich die Hände und wollte sofort anfangen zu essen. Die Suppe musste heiss sein, aber nicht so heiss, dass er sich den Mund verbrannte. Die Hilde selber ass alleine in der Küche, nachdem die Familie fertig gespiesen und sie alles abgeräumt hatte.

...

In Basel fing ein komplett neues Leben an. Man hat natürlich viel mehr Möglichkeiten in einer grossen Stadt. Der Pappe war in Basel aufgewachsen, war Basler Bürger und fühlte sich hier sicher auch daheim. Aber meine Eltern hatten in Basel nicht so viele Freunde und nähere Bekannte wie in Visp, zumindest am Anfang nicht. Sie hatten zwar hie und da Besuch, besonders häufig war das jedoch nicht der Fall.

Manchmal gingen die Mamme und der Pappe miteinander aus. Jeden Samstagnachmittag fuhren sie zusammen in die Stadt, um einzukaufen, und danach verpflegten sie sich im Casino mit Tee und Kuchen. Das war jahrelang ein Ritual, sakrosankt sozusagen. Wir Kinder blieben daheim.

Ansonsten wurde alles mit der ganzen Familie unternommen. Wir machten viele Ausflüge und im Sommer gingen wir oft in die Badi, ins «Eglisee». Dort hatte es ein grosses Bassin, das war für uns Kinder geeigneter als der Rhein. Am Sonntagabend liessen sie das Wasser auslaufen und putzten das Becken, um am Montagmorgen wieder frisches Wasser einzufüllen. Es dauerte viele Stunden, bis das Becken voll war, und das Wasser war eiskalt und ganz sauber. Dann blieb es die ganze Woche drin und wurde immer wärmer und schmutziger. Wir sprangen ins Wasser und blieben drin, bis wir schlotterten und ganz blaue Lippen hatten. Dann legten wir uns auf die Klinkerböden neben dem Becken und liessen uns von der Sonne wieder aufwärmen, von hinten und von vorne. Natürlich fingen wir uns fürchterliche Sonnenbrände ein. Meine Haut schälte sich im Sommer regelmässig ab.

Unter der Woche gingen wir Kinder allein mit der Mamme hin, und der Pappe holte uns um sechs, nach der Arbeit, ab und offerierte uns ein Glacé. Vor dem «Eglisee» stand immer ein Glacémännli, eine Kugel Glacé im Cornet kostete zehn Rappen.

Als wir grösser wurden, in der Oberstufe, gingen wir vor allem in den Rhein baden. Wir hatten ein Abonnement vom «Pfalzbadhüsli», das lag unterhalb vom Münster und der Pfalz. Links und rechts der Pfalz führte je eine lange Treppe runter zum Wasser. Auf jeder Seite gab es einen Holzverschlag, der als Badeanstalt diente, einen für die Frauen, einen für die Männer. Vom Pfalzbadhüsli aus konnte man den Rhein hinaufgehen, bis zur Fährstation oder bis zur Breite oder sogar bis zum Birskopf, das war schon recht weit. Dort sprang man ins Wasser und schwamm den Rhein runter. Der grosse Sport war es, bei der Wettsteinbrücke nahe genug an den Pfeiler zu gelangen, um dort kurz rauszuklettern. Dann musste man zurück zum Pfalzbadhüsli schwimmen, und zwar ziemlich schnell, um rechtzeitig die Frauenbadi zu erreichen. Wenn man sie nämlich verpasste, war man gezwungen, sich bis zum Herrenbad treiben zu lassen, dort auszusteigen und unter Männergejohle den ganzen Holzverschlag zu durchqueren.

Die Mamme badete und schwamm für ihr Leben gern. Sie war in ihrer Jugend nicht nur jeden Sommer an der Ostsee, sondern ebenfalls öfters an der Nordsee gewesen. Dort genoss sie die hohen Wellen und das Spiel mit ihnen.

Selbst nachdem sie in der Schweiz lebte, fuhr sie jeden Sommer nach Deutschland und an die Ostsee. Mich nahm sie auch einmal mit. Wir waren erst seit Kurzem in Basel und die Muggi war noch ein Buschi. Das war im Sommer 1936, ich erinnere mich an die olympischen Ringe, die man überall sah. Es waren nur die Maya, ich und die Mamme. Der Pappe hatte uns in Basel zum Bahnhof gebracht, der Zug fuhr aber ohne ihn ab, er blieb also zu Hause, und die Muggi offensichtlich auch. Wir reisten dritter Klasse, das weiss ich, weil die Maya und ich hätten schlafen sollen und keine Polster da waren, nur eine Holzbank. Die Mamme hängte uns ihren Mantel vors Gesicht, damit es wenigstens dunkel war.

Wir fuhren die ganze Nacht durch. Zuerst ging es nach Berlin, ins Haus meines Grossvaters. Er hatte eine schöne, grosse Villa am Grunewald. Dort lebte er mit der Frau Kamilla und seinem jüngsten Sohn. Die Frau Kamilla war die zweite Frau vom Grossvater. Meine Grossmutter war nach langer Krankheit jung gestorben. Der Grossvater war ein unwahrscheinlich strenger, verschlossener Mann. Ein schöner Mann, zu dem man nur schwer Zugang fand, gross, weisshaarig und mit weissem Schnauzbart.

Die Frau Kamilla hingegen hatten alle gern. Der Halbbruder der Mamme war achtzehn Jahre jünger als sie. Er war 1925 geboren und nicht viel älter als wir Mädchen. Wie sein Vater trug er den Namen Adolf. Das war ein verbreiteter Name zu dieser Zeit. Das Haus hatte einen grossen Garten, in dem wir wunderbar spielen konnten. Das Grundstück grenzte direkt an den Grunewald, kaum verliess man den Garten, befand man sich im Wald.

In Berlin blieben wir nicht lange, sondern fuhren bald schon mit der ganzen Familie an die Ostsee. Der Aufenthalt dort war sehr eindrücklich. Alles war neu und völlig anders, als wir es gewohnt waren. Das Strandleben, die grosse Familie, die Sandburgen, all die vielen Leute. Man konnte Ponyreiten am Strand, das durften wir manchmal. Und es wurden Honignüsse verkauft, die waren aufgereiht auf einem Holzspiess. Nüsse im Honigmantel, das habe ich später nie mehr gegessen. Wir wohnten in einem Hotel oder einer Pension, wo es rote Grütze gab. Das hatte die Mamme zwar auch schon gekocht, aber die hier schmeckte ganz anders. Der Adolf, für uns ein grosser Junge, war das Objekt der Bewunderung. Er kannte sich aus am Strand und konnte tolle Sandburgen bauen. Eine konzipierte er zum Beispiel um unseren Strandkorb herum als eine Art abgesperrtes Gebiet, in das Fremde keinen Zutritt haben sollten.

Der Grossvater und die Frau Kamilla waren am Strand immer angezogen, inklusive Hut. Die gingen nie ins Wasser, die sassen vor allem in ihrem Strandkorb. Aber die Mamme hatte selbstverständlich ein Badekleid an und ging schwimmen. Sie war während dieser Ferien ganz anders. Wie sie dort aufblühte, wie sie dort hingehörte, wie das ihre Welt war, das wurde mir erst viel später bewusst.

Bis zum Krieg fuhr die Mamme jeden Sommer nach Deutschland, und die Aufenthalte dort liefen immer ähnlich ab. Es waren jeweils noch andere Verwandte da, ihre Schwester Rosmarie, genannt Romihi, und manchmal ihre Schwester Herta. Die Herta lebte ebenfalls nicht mehr in Deutschland, sie war nach Brasilien zurückgegangen und hatte dort geheiratet.

Das Geld, das die Mamme von ihrer Mutter geerbt hatte, war auf der Bank für sie angelegt. Es war allerdings schon damals nicht mehr möglich, Geld aus Deutschland auszuführen. So machte die Mamme in ihren Sommerferien grosse Einkäufe und schickte diese in die Schweiz.

...

Im Gegensatz zur Mutter der Mamme, die wir nie getroffen hatten, kannten wir unsere Grossmutter väterlicherseits gut. Allerdings erst, nachdem der Pappe und sein Bruder Hans sie aus der Irrenanstalt, der «Friedmatt», geholt hatten. Sie war jeden Sonntagabend bei uns zum Nachtessen und wir waren oft bei ihr. Sie erzählte uns Kindern gern und viel von früher. Ihre Mutter hatte sie mit zwei, den Vater mit sechs Jahren verloren. Ihr Vater war Schneidermeister gewesen, «‹Marchand tailleur› mit eigenem Geschäft an der Kramgasse in Bern», wie sie sagte. Meine Grossmutter, sie hiess Anna Amalia Mathilde Affolter, war Stadtbernerin und redete noch im hohen Alter, nach Jahren in Basel, breitestes Berndeutsch. Von ihrem Vater hatte sie ein Vermögen geerbt und war deshalb eine wohlhabende Waise. Aus diesem Grund verbrachte sie ihre Kindheit «en pension» bei vornehmen Damen und wurde nicht auf dem Rathausplatz in Bern versteigert wie all die armen Waisen. Eine solche Versteigerung fand dort jedes Jahr statt. Für die grossen Kinder musste der «Abnehmer» bezahlen, das waren meistens Bauern. Für die kleinen, die noch nicht arbeiten konnten, bezahlte die Stadt demjenigen etwas, der sie aufnahm. Eine fürchterliche Einrichtung.

Die Grossmutter war ziemlich jung, als sie den Liniger kennenlernte. Er war Lehrer und kam aus Burgdorf. Sie heirateten und bekamen zwei Söhne, den Hans anno 1893 und den Max, meinen Vater, anno 1896. Die Ehe war offenbar eine absolute Katastrophe. Nach dem, was ich über die Grossmutter hörte, scheint sie eine sehr eigenwillige Frau gewesen zu sein. Sie stellte Ansprüche, sie wollte jemand sein. Ich glaube, in dieser Hinsicht habe ich viel von ihr. Und das Geld hatte ja sie mitgebracht. Die Vermutung liegt nahe, dass das für den Liniger bei der Heirat eine wesentliche Rolle gespielt hatte. Die Grossmutter stellte also ihre Ansprüche und stritt viel mit ihrem Mann. Dann fing er an zu saufen, und sie fing an zu spinnen. Irgendwann gelang es ihm, sie in die Irrenanstalt abzuschieben.

Für ihren Vater mussten sich der Pappe und der Hans schämen. Er verlor seine Stelle wegen Trunksucht, und über sein Ableben sagte der Pappe immer: «Der Vater hat sich zu Tode gesoffen.»

Das war ungefähr zum Anfang des Ersten Weltkriegs. Die Grossmutter war zwanzig Jahre lang in der «Friedmatt». Erst nach unserem Umzug nach Basel erlösten sie ihre Söhne, und sie konnte wieder in das Haus einziehen, in dem der Pappe aufgewachsen war. Wenn sie von meinem Grossvater sprach, nannte sie ihn nur «den Liniger». Einmal sagte sie zu mir: «Weisst du, Anneliseli, er wäre gar nicht so leid gewesen, der Liniger, wenn er nicht gesoffen hätte.» Das war das Positivste, was ich von ihr je über ihn gehört habe.

Die Grossmutter war ungefähr sechzig Jahre alt, als sie aus der «Friedmatt» zurückkam. Nachdem sie rund zwanzig Jahre wieder in ihrem alten Haus gelebt hatte, wurde sie zu alt und es ging nicht mehr, dass sie alleine wohnte. Man brachte sie in ein offenes Wohnheim in der Nähe von Liestal, und dort blieb sie eine Weile. Leider kehrten ihre alten Muster zurück, und sie lief immer wieder davon. Ihre letzten beiden Jahre, es ist furchtbar zu sagen, verbrachte sie wieder in der «Friedmatt», weil es sonst nirgendwo ging. Die Mamme besuchte sie einmal, und da sagte ihr die Grossmutter: «Was meinst du, bin ich erschrocken, als ich gemerkt habe, dass ich wieder hier bin?» Und die Mamme fragte sie, was sie denn den ganzen Tag mache: «Ich sitze da, wie alle Leute hier. Es sitzen alle hier und warten auf den Tod.»

...

Die Maya und ich wuchsen wie Zwillinge auf, wir haben nur knapp ein Jahr Altersunterschied. Von ihr habe ich auch meinen Spitznamen Aisi. So werde ich heute noch genannt. Wir kamen gleichzeitig in die Primarschule, im Frühling 1938. Das Sevogel-Schulhaus war für Buben und Mädchen streng getrennt, mit zwei separaten Eingängen, zwei separaten Treppenhäusern und zwei separaten Schulhöfen. Die Buben sahen wir nur auf dem Schulweg, sonst schottete man uns vollkommen von ihnen ab.

Ich war damals eindeutig zu klein und zu unreif für die erste Klasse. Ich war das kleinste Kind, das sie je aufgenommen hatten. Die Lehrerin hatte einen Narren an mir gefressen. Sie nannte mich «Spatzenbein», und ich konnte mir viel mehr erlauben als die anderen Kinder, was die natürlich nicht goutierten. In diesen vier Jahren Primarschule – in Basel gibt es nur vier Primarstufen – hinkte ich immer hinterher. Ich hatte auch keine Lust, Aufgaben zu machen. Kurzum: Ich war einfach nicht parat. Daraufhin schickten mich meine Eltern nach der vierten Klasse in eine Übergangsklasse. Da war ich das erste und einzige Mal mit Buben zusammen. Die Mädchen sassen am Fenster und die Buben an der Wand, also ebenfalls getrennt, aber immerhin, man hatte doch einmal ein wenig Kontakt zum anderen Geschlecht. Der Lehrer war wesentlich strenger mit den Buben, schlug sie manchmal sogar mit dem Lineal. Obwohl das verboten war. Mit den Mädchen machte er das nicht.

In der Primarschule bekamen wir einen Schulthek. Derjenige der Mädchen war farbig und bei den Buben war der Deckel mit Fell überzogen. Dazu gab es ein sogenanntes Federlädli, eine Holzbüchse, in der man die Schreibinstrumente aufbewahrte. In der ersten und der zweiten Klasse schrieben wir mit Griffel auf eine

Schiefertafel, die konnte man abwaschen und von Neuem beschriften. Alle Schreibübungen wurden auf dieser Tafel gemacht. Erst Mitte Primarschule, als wir schon einigermassen schreiben konnten, durften wir Feder und Tinte benutzen. In die Schulbänke waren Tintenfässer eingelassen, und man bekam eine Metallfeder, die an einem Holzstiel befestigt und auswechselbar war und die man in die Tinte tunken musste. Damit schrieb man. Das war gar nicht so einfach. Am Anfang war alles voller Kleckse. Erst in den höheren Klassen bekamen wir zum Geburtstag einen Füllfederhalter. Da waren Patronen drin und die Tinte floss automatisch nach. Das ging viel einfacher, man schrieb sofort schöner. Dieser Füllfederhalter war wirklich etwas Kostbares, das konnten sich viele Eltern nicht leisten.

...

Ich bin eine Aussenseiterin, war ich schon immer. Aber das hat für mich durchaus eine positive Note. Ich war ein aufsässiges Kind und sträubte mich gegen jegliche Konventionen. Die meisten Kinder akzeptierten die Rollenverteilung zwischen den Geschlechtern und passten sich an. Ich machte das nicht und wurde schnell zum schwarzen Schaf, in der Schule und zu Hause. Ich mochte keine Aufgaben machen, der Mutter helfen schon gar nicht. Ich tollte lieber auf der Strasse oder im Garten herum. Schmutzige und zerrissene Kleider und kleine Verletzungen waren an der Tagesordnung und machten meine Eltern wütend. Ein Mädchen machte so etwas nicht. Aber das war mir egal. Ich wollte von klein auf das machen, was ich wollte, und verstand nicht, wieso das Ärger und sogar Strafen nach sich zog.

Am schlimmsten war es, zu spüren, dass ich als Mädchen weniger wert war. Diese omnipräsente Dominanz der Männer, die prägte mich stark. Wenn ich es mir genau überlege, war da sehr lange nur ein Mann, der Pappe. Viele Jahre meiner Kindheit war er der einzige Mann im Haushalt, sonst waren wir nur Frauen. Die Mamme, meine Schwestern, ein Dienstmädchen, die Putzfrau. Von Seiten der Verwandtschaft kamen fast nur Frauen zu Besuch. In der Schule waren wir nur Mädchen, später in der Pfadi auch. Alles war strikt getrennt. Ich hatte also definitiv eine mangelhafte Auswahl an männlichen Vorbildern, da war nur der Vater, gross und dominant, der «Herr», der Usurpator. Gleichzeitig war der Alltag in den Vorkriegsjahren mehr und mehr geprägt vom Militär, dem Inbegriff der Männlichkeit. Militär war schick, Uniform war schick. Und die Nazis waren eine Extremform des Militarismus, schlimm.

Kriegsjahre

Am 1. September 1939 begann der Zweite Weltkrieg. Meine Eltern machten im Sommer desselben Jahres zusammen mit den deutschen Grosseltern noch eine Reise nach Österreich und Ungarn. Wir Mädchen wurden in dieser Zeit in einem Kinderheim in Churwalden untergebracht. Ich kann mich an den Moment erinnern, als sie uns abholten: Wir stürmten auf sie zu und umarmten sie. Das war das einzige Mal, dass unsere Eltern uns in den Arm nahmen, eine weitere Umarmung ist mir nicht im Gedächtnis. Eine stürmische Wiedersehensfreude war das. Obwohl, das Kinderheim in Churwalden war eigentlich ganz gut. Wir hatten es dort lustig. Ich kann mich an mindestens zwei andere Heime erinnern, in denen ich es schrecklich fand und mich völlig verlassen fühlte. Das war im Sommer 1939, danach wurden die Grenzen geschlossen.

Schon als wir 1936 nach Basel gezogen waren, war der Nazigeist in Deutschland weit verbreitet. Basel liegt ja im Dreiländereck, zwischen dem französischen Elsass und dem deutschen Schwabenland, direkt an der Grenze zu Deutschland. Man hörte in der Stadt oft Marschmusik, «Sieg Heil»- und Militärgeschrei über den Rhein schallen. Die überwiegende Mehrheit der Basler waren überzeugte Schweizer Eidgenossen, die Männer von der Milizarmee zu standfesten Patrioten und zur bedingungslosen Verteidigung des Vaterlandes gedrillt. Die Nazis waren verhasst. «Nazi» war ein Schimpfwort. Mit der Zeit wurde «Nazi» immer mehr mit «deutsch» gleichgesetzt, und man sprach nur noch verächtlich von «den Schwaben», oder schlimmer noch, von «diesen Sauschwaben». Wir Kinder machten uns selbstverständlich keine Gedanken darüber, wie sich die Mamme, als Deutsche, in dieser Atmosphäre fühlen musste. Sie selber gab sich arglos, erzählte völlig unbefangen Berliner Geschichten, machte Sprüche und Witze und lachte fröhlich über die teilweise antisemitischen Pointen. Sie sprach mittlerweile zwar Schweizerdeutsch, aber ich erinnere mich, dass mir ihr penetranter hochdeutscher Akzent mehr und mehr peinlich wurde. Man kann sagen, dass in Basel beides vorhanden war: Antisemitismus und Deutschenhass, der Deutschenhass wurde einfach offener zur Schau gestellt.

Als wir am 1. September 1939 von der Schule nach Hause kamen, sass die Mamme im Wohnzimmer vor dem Radio und weinte. Aus dem Lautsprecher drang das übliche unverständliche Geschrei und Getöse; bellende Männerstimmen, Marschmusik, wie jeden Tag. Aber etwas war anders, es war Krieg. «Mamme, was ist Krieg?» Sie gab keine Antwort. «Pappe, was ist das, Krieg?» – «Diese Sauschwaben, dieser verdammte Hitler, jetzt müssen alle Männer einrücken!» – «Du auch, Pappe?» Der Pappe verneinte. Er habe bereits tausend Tage Aktivdienst geleistet im Ersten Weltkrieg, deshalb müsse er nicht mehr antreten. Ausserdem habe er in seinem Geschäft eine kriegswichtige Aufgabe zu erfüllen. Die anderen Männer hingegen, die müssten jetzt die Grenzen verteidigen, die Grenzen würden geschlossen. Die Schweiz sei jetzt auf sich allein gestellt.

Wir verstanden es trotzdem nicht. Wir sahen nur, dass die Strassen voller Soldaten waren. Obwohl der ganze Militarismus schon vor Kriegsbeginn auch bei uns zugenommen hatte. Vermehrt hatte man das Militär gesehen und die militärische Sprache war immer dominanter geworden. Jetzt aber hing zusätzlich diese wahnsinnige Bedrohung in der Luft, die Angst der Leute war greifbar. Am selben Tag ordnete der Bundesrat die Generalmobilmachung an: Es herrschte ein Riesendurcheinander in der Stadt und vor allem am Bahnhof. Und diese ständigen Nachrichten. Täglich um halb eins und um halb acht. Während dem Mittagessen durfte kein Wort gesprochen werden: «Psst, die Nachrichten!» Das sind unauslöschliche Erinnerungen.

...

Wir hatten eine ganz besondere Situation in unserem Haus in Basel, in Anbetracht des beginnenden Zweiten Weltkriegs. Unsere Wohnung lag, wie gesagt, im Hochparterre. Zuoberst wohnte der Pouce-Pouce. Sein Vater war Welscher und hatte eine französisch sprechende Ägypterin geheiratet. Ihr kleiner Sohn war ein Jahr jünger als ich und hiess Philippe, aber seine Mutter rief ihn «Pouce-Pouce», weshalb wir Kinder ihn ebenfalls so nannten. Wie seine Mutter war er schwarzhaarig und hatte ganz dunkle Augen.

Der Pouce-Pouce war mein Kinderschätzeli. Die Leute schrien immer «Ah!» und «Oh!», wenn wir zusammen auftauchten; der Pouce-Pouce mit der dunklen Haut, den braunen Augen und den buschigen, schwarzen Augenbrauen und ich mit dem hellblonden

Haar. Ich hatte den Pouce-Pouce sehr gern und war oft bei ihm zu Hause. Mir gefiel das französische Flair. Er hatte diese französischen Kinderbücher, zum Beispiel den «Babar», den gab es damals noch nicht auf Deutsch übersetzt, den lernte ich beim Pouce-Pouce kennen.

Daneben waren da der erste und der zweite Stock; die Nazi-Juden-Geschichte im Kleinformat. Im ersten Stock wohnte die Familie Herzfeld, eine jüdische Familie. Sie war im Altmetallhandel tätig, was zu dieser Zeit als typisch jüdisch galt. Die Frau Herzfeld kochte und buk jeden Freitag und putzte die Wohnung, damit die Familienmitglieder am Samstag Sabbat feiern konnten. Und sie setzten zum Essen ihre Hüte auf. Sie waren ziemlich konservativ, aber die Söhne trugen zum Beispiel keine Schläfenlocken und der Herr Herzfeld hatte keinen Bart. Die Herzfelds waren extrem liebenswürdig, und die Muggi ging am Freitag immer zu Besuch, wenn gebacken wurde. Wir hatten eine gute Beziehung zu dieser Familie, auch wenn sie uns gleichzeitig fremd war.

Über den Herzfelds, im zweiten Stock, wohnte die Familie Frei. Das waren Deutsche und ausgekochte Nazis. Die mochte niemand. Sie hatten Zwillingssöhne, die waren damals zwölf oder dreizehn Jahre alt. Bereits im Frühling 1938, als der Hitler Österreich überrannt hatte, feierten die Freis dies als den ersten grossen Sieg und veranstalteten ein Riesengeschrei. Nach jedem Hitlererfolg rissen sie das Fenster auf und stellten das Radio laut, damit die Nachbarschaft alles hörte.

Wir hatten in Basel die sogenannte Fünfte Kolonne, eine Naziorganisation. Ihre Anhänger gingen in der Vorkriegszeit und in den ersten Kriegsjahren davon aus, dass die Schweiz irgendwann von Deutschland erobert oder dem Deutschen Reich angegliedert würde. Die Fünfte Kolonne sollte Basel auf diese Übernahme vorbereiten. Es wurden bereits Aufgaben verteilt und Rangfolgen bestimmt für die Zeit nach dem «Anschluss». Diese Bewegung trat arrogant und laut auf, und die Freis gehörten dazu.

Natürlich hatten wir Kontakt zu den beiden Buben, dem Max und dem Fritz, die kamen ebenfalls nach draussen zum Spielen. Ich kann mich vor allem an ihre Konfirmation erinnern. Weil, wenn man als Bub konfirmiert wurde, bekam man lange Hosen. Vorher mussten die Buben kurze Hosen tragen, auch im Winter, dann einfach mit Kniesocken. Der Max und der Fritz bekamen also lange Hosen und gaben damit an. Man mochte sie einfach nicht. Wir betrachteten uns ja als waschechte Schweizer, Basler, patriotisch und selbstverständlich gegen Nazis.

Nachdem sich die politische Situation immer mehr zugespitzt hatte, begannen die Herzfelds, ihre Auswanderung nach Amerika vorzubereiten und ihren Hausrat zu verkaufen. Unser Dienstmädchen wollte bald heiraten und schaute sich bei den Herzfelds Geschirr für die Aussteuer an. Aber die Mamme empörte sich masslos: «Die Herzfelds, da kommen die richtigen Juden zum Vorschein! Sie wollten dem Dienstmädchen kaputtes Geschirr unterjubeln und es ihr zu teuer verkaufen.» So viele Jahre lang hatten wir eine freundliche Beziehung zu den Herzfelds gepflegt, und dann kam er doch plötzlich zum Vorschein, der Antisemitismus.

Er war überall, unterschwellig zumindest, auch in der Schweiz. Der Pappe formulierte es einmal so: «Man will die Juden auch in der Schweiz nicht, man sagt es nur nicht. Man sorgt einfach stillschweigend dafür, dass sie keine hohen Positionen erhalten.» Auf jeden Fall konnten die Herzfelds ungefähr 1942 nach Amerika ausreisen, und wir hörten nie mehr etwas von ihnen.

Als die Erfolge der Deutschen mit der Zeit nachliessen und der Anschluss der Schweiz ans Deutsche Reich auf sich warten liess, wurden die Freis immer leiser. 1942 oder 1943, als die beiden Söhne etwa achtzehn waren, bekamen sie das Aufgebot, in die deutsche Armee einzurücken. Und plötzlich wollten die Freis Schweizer werden. Da traten aber die «Schweizermacher» in Aktion, wie im Film. Erkundigten sich bei den Nachbarn über die Freis, was für Leute das seien und ob man die aufnehmen solle. Alle Nachbarn sagten voller Entsetzen: «Nein, das sind ausgekochte Nazis, die wollen wir nicht.» Und das Gesuch der Freis wurde abgelehnt. Sie mussten nach Deutschland umsiedeln, und der Max und der Fritz wurden an die Front geschickt. Mehrere Jahre nach dem Krieg – das war vielleicht ein Zufall – machten wir eine Wanderung im Schwarzwald und trafen dort einen der Zwillinge. Er erzählte, dass beide Brüder überlebt hätten.

•••

Nach Beginn des Kriegs fingen die Deutschen rasch an, sich nach Westen, in Richtung Frankreich, zu orientieren. Schon

1940 marschierten sie an der Schweizer Grenze auf mit dem Ziel, Paris zu erobern. Dies war der Moment, in dem die Schweiz am stärksten bedroht war. Das ist sehr intensiv in meiner Erinnerung, man konnte den Kriegslärm hören in Basel, Kanonenschüsse und was weiss ich. Die deutsche Armee marschierte direkt am Rhein neben Basel auf, und man musste befürchten, dass sie nicht an Basel vorbeiziehen, sondern in die Schweiz einmarschieren würde. Die Angst war gross, die Schweiz wurde wirklich nervös. Das war der Moment, in dem wir evakuiert wurden. Es wurde eine Empfehlung gegeben, nein, sogar ein Befehl, man solle, wenn man könne, Basel verlassen. Das konnten natürlich nur gut situierte Leute. Später wurde der Vorwurf laut, dass man nur die reichen Kinder evakuiert habe und die armen zurückbleiben mussten.

Eines Morgens stand unser Onkel Hans vor der Tür, der Bruder vom Pappe, der war Oberleutnant. In der Militäruniform mit Stiefeln und steifem Hut, äusserst eindrücklich. Er ging mit dem Pappe ins Wohnzimmer und machte die Türe zu. Wir lagen im Bett und wurden nicht geweckt wie sonst. Als wir von allein aufstanden, mussten wir baden, und die Mamme gab uns frische Wäsche anzuziehen. Das mitten in der Woche, obwohl sonst immer nur samstags gebadet und neue Kleidung rausgegeben wurde. Da erfuhren wir, dass wir ins Wallis evakuiert werden sollten, nach Visp. Die Mamme heulte. Sie wollte nicht weg aus Basel, das stank ihr.

Der Pappe fuhr uns bis nach Spiez, um uns dort in den Zug zu setzen. Der Bahnhof war gerammelt voll, eine Menge Leute,

Militär und Privatpersonen, wollten in die Berge. Am Bahnsteig verabschiedeten wir uns vom Pappe, die Mamme heulte wieder. In Visp holten uns alte, gute Freunde meiner Eltern ab, die Imbodens. Bei denen blieben wir über Nacht. Am nächsten Tag fuhren wir zusammen mit der Maya Imboden, einer der vielen Töchter der Imbodens, nach St. Niklaus. Wir nannten sie die «grosse Maya», um sie nicht mit unserer Maya zu verwechseln.

Die Imbodens hatten in St. Niklaus ein Haus mit zwei Wohnungen, und wir bezogen diejenige im ersten Stock. Das waren vielleicht primitive Verhältnisse, sogar für die damalige Zeit. Am meisten beeindruckte uns natürlich das Plumpsklo, das war in einem aussen an die Hauswand angebauten Verschlag untergebracht. Badezimmer hatte es keines, irgendwann mal wurden wir in einem Zuber in der Küche gebadet. Wir Kinder fanden es toll. Wir hatten von heute auf morgen Ferien. Ausserdem war das Bergdorfleben für uns faszinierend, wir kannten das überhaupt nicht. Der Bauer brachte uns jede Woche ein Kilo Butter. Wir waren uns von zu Hause gewohnt, dass es kaum mehr Butter gab, aber hier bekamen wir ein ganzes Kilo pro Woche. Das konnten wir gar nicht essen, und die Butter wurde bald schon ranzig. Der Mamme aber gefiel es überhaupt nicht. Offensichtlich fand sie einen Weg und überredete die grosse Maya, uns ganz in ihre Obhut zu nehmen, damit sie nach Basel zurückfahren konnte.

Wir waren etwa zwei Monate in St. Niklaus, dann kehrten wir nach Hause zurück. Von Mai bis Juli hatten wir Ferien im

Wallis, und in Basel fingen bei unserer Rückkehr gerade die Sommerferien an. Das war grossartig.

Wir kamen nach Basel zurück, weil sich die Kriegsbedrohung verzogen hatte. Die Deutschen marschierten weiter, berührten Schweizer Gebiet überraschenderweise nicht. Als Kinder bekamen wir die direkten Kriegshandlungen nicht mit, das interessierte uns auch nicht. Wer weiss schon, wo Paris liegt? Das rekonstruierte ich alles erst viel später. Aber es wurde doch dauernd davon gesprochen.

Obwohl die Schweiz verschont blieb, zeigten sich die Auswirkungen des Kriegs immer stärker, je länger er dauerte. Die Lebensmittel wurden knapper. Butter zum Frühstück gab es nur noch am Sonntag, das Fleisch blieb dem Pappe vorbehalten und Schokolade wurde durch seltsame Feigenpaste oder ähnliche Gräuel ersetzt. Kurz vor der Rationierung ging die Mamme ein letztes Mal mit uns Mädchen in die Konditorei und wir durften essen, was und so viel wir wollten: Crèmeschnitten, Schoggirollen und Schlagrahm.

Danach war es für viele Jahre vorbei mit den Herrlichkeiten. Lebensmittelcoupons wurden eingeführt und das Brot rationiert. Frisches bekam man sowieso keines mehr, der Bäcker musste es mindestens vierundzwanzig Stunden lang aufbewahren, bis er es verkaufen durfte. Man behauptete, altes Brot sättige besser, ich weiss nicht, ob das stimmt. Überall hingen diese Plakate mit der Aufschrift: «Altes Brot ist nicht hart. Kein Brot, das ist hart.» Solche Slogans, das war ebenfalls eine Auswirkung des Krieges, die hatten ihren Ursprung in der Bewegung der Geistigen Landesverteidigung. Man fing an, die Bevölkerung zu indoktrinieren.

1940 wurde die Verdunkelung angeordnet. Es hiess, man müsse dafür sorgen, dass die Schweiz von den Fliegern nicht gesehen werde. Zu der Verdunkelung kamen die Fliegeralarme, das war ein ganz prägendes Erlebnis während der Kriegszeit, schrecklich. Sobald sich die fremden Flugzeuge näherten, ertönte der Fliegeralarm, eine Sirene mit singendem Ton, auf und ab, so, wie sie heute noch jedes Jahr getestet wird. Das passierte meistens in der Nacht, wir wachten davon auf. Dann hörte die Sirene auf, es dauerte eine Weile, und man hörte dieses tiefe Brummen. Das waren Motorflugzeuge, keine Jets. Sie kamen näher, das Brummen wurde dröhnender, immer lauter und lauter. Vielleicht war man schon kurz wieder eingeschlafen und wurde erneut von den Flugzeugen geweckt. Sie flogen meistens den Rhein entlang, also mitten über Basel hinweg. Dann verklangen sie, und sobald man wieder eingeschlafen war, kam der Schlussalarm. Nach ein oder zwei Stunden kehrten die Bomber wieder zurück und das ganze Spiel ging von vorne los.

In der zweiten Hälfte des Kriegs gab es fast jede Nacht Fliegeralarm. Wir standen nicht auf, wir erwachten nur, aber es war gespenstisch. Vor allem wussten wir genau, dass auf der anderen Seite der Grenze die Flieger irgendwo ihre Bomben abwarfen, dass eine Stadt zerstört wurde und Menschen umkamen. Dort mussten die Menschen aufstehen in der Nacht, wenn der Fliegeralarm ausgelöst wurde, und in den Keller rennen. Warten, bis die Bomber weg waren, der Endalarm sie schliesslich erlöste und sie wieder zurück in ihre Betten konnten. Und das jede Nacht, was für ein Terror!

...

1942 kaufte der Pappe ein Haus an der Hardstrasse im St.-Alban-Quartier. Es war ein Reihenhaus, eingeklemmt zwischen zwei anderen Häusern, relativ schmal, dafür tief. Im Parterre lagen der Eingang, das Wohnzimmer, das Esszimmer, die Küche und das WC, im ersten Stock drei Schlafzimmer und im zweiten Stock drei weitere mansardenartige Schlafzimmer. Im ersten Stock gab es ein Bad und im zweiten Stock ein WC mit Lavabo. Wir hatten jetzt sechs Schlafzimmer. Das Haus kostete 98'000 Franken, wenn ich mich recht erinnere.

In unserer Wohnung an der Lindenhofstrasse hatte es in der Küche einen Ofen gegeben, an den alle Heizkörper in den anderen Zimmern angeschlossen waren und der somit die ganze Wohnung heizte. Im neuen Haus hatte es zwar ebenfalls eine Zentralheizung mit einem Hauptofen im Keller, es gab jedoch nicht mehr genügend Kohle, um diesen zu beheizen. Das Haus wurde nur mit einem Ofen im Wohnzimmer und einem weiteren kleinen Ofen in einem der oberen Schlafzimmer ausgestattet. Und so merkten wir langsam, dass der Umzug mit einem neu ankommenden Buschi zusammenhing. Die Mamme klärte uns auf, dass ein Kind in ihrem Bauch heranwachse und dass es, wenn die Zeit reif dafür sei, aus ihrem Bauch herauskomme. Wir fragten: «Wo kommt es denn heraus?» Sie brachte es knapp über sich, zu sagen: «Zwischen meinen Beinen.» Dabei wurde sie schrecklich rot. Aber das war wahnsinnig fortschrittlich für die damalige Zeit. Die anderen Kinder, die meisten jedenfalls, wurden gar nicht aufgeklärt und nach wie vor mit der Geschichte vom Storch bedient.

Der Andresli kam am 6. Dezember 1942 auf die Welt. Das war eine Freude und ein Juhee; endlich ein Bub! Es war eine schwere Geburt, die Mamme wie auch das Kind wären um ein Haar gestorben. Der Pappe war überglücklich, er hatte einen Sohn. Das war eigentlich keine gute Konstellation, mit drei so viel älteren Schwestern. Die Maya war ja bereits zwölf, ich elf und die Muggi fast acht Jahre alt. Der Andres bekam das Schlafzimmer mit Ofen. Alle restlichen Zimmer, ausser die Stube und die Küche, blieben für den Rest des Kriegs unbeheizt.

Weil die Mamme derart geschwächt war, holte man die Schwester Helene. Sie war Hebamme, damals schon über fünfzig und eigentlich zu alt, um für eine Familie zu arbeiten, aber offenbar war niemand anderes verfügbar. Die Schwester Helene wurde zu einem wichtigen Bestandteil unserer Familie. Am Anfang wohnte sie eine Weile bei uns, und auch später kam sie immer wieder zu Besuch oder hütete den Andresli. Sie liebte ihn abgöttisch.

Die Mamme war mit dem Andresli ganz anders. Sie knuddelte und umarmte und herzte und küsste ihn, nahm ihn auf den

Schoss und machte Spielchen wie «Hoppe Reiter» und weiss ich was alles. Und der Pappe las ihm lange Geschichten vor. Ganz im Gegensatz zu unserem Verhältnis zu den Eltern; körperliche Berührungen gab es kaum einmal. Die Mamme erklärte es mir: «Weisst du, wenn man eine junge Mutter ist, das erste Kind bekommt, will man alles perfekt machen. Man nimmt sich genau vor, wie man das Kind erzieht. Aber wenn man ein bisschen älter ist, ist alles anders, dann ist das Kind vor allem für die Mutter da.» Genau so setzte sie das um, und ich glaube nicht, dass das dem Andres guttat.

Zum Hüten waren wir grossen Mädchen da. Das fanden wir nicht besonders interessant. Erziehen hingegen, das fanden wir spannend. Ich glaube, in dieser Hinsicht hatte der Andres wirklich eine schwierige Situation. Und als er grösser wurde, kam der Erwartungsdruck hinzu. Als Bub sollte er entsprechende Leistungen erbringen, und es war klar, dass er ans Gymnasium musste. Der Andres konnte mit diesem Druck schlecht umgehen, und je älter er wurde, desto grösser wurden die Probleme in der Schule. Es war ein Elend.

Aber auch wir Mädchen wurden nicht alle gleich behandelt. Die Muggi genoss vielleicht bereits eine etwas weniger strenge Erziehung als die Maya und ich. Wir beide waren derart nahe aufeinander. Wir gingen in die gleiche Klasse und danach gemeinsam in die Pfadi. Wir waren ständig zusammen und schlossen die Muggi aus, liessen sie nicht mit uns spielen. Je älter wir wurden, desto weniger Verwendung hatten wir für die Muggi. Drum nahm die Mamme sie halt oft mit, wenn sie irgendwohin ging, und das wiederum nahmen wir der Muggi und der Mamme übel.

...

Auch in der Schule spürte man die Folgen des Kriegs immer stärker. Es wurden verschiedene Hilfsangebote eingeführt. Eines davon war die Schulsuppe, die gab es bereits während dem Ersten Weltkrieg. Man befürchtete, dass nicht alle Kinder zu Hause genügend zu essen bekämen, weshalb in der Zehn-Uhr-Pause eine Suppe angeboten wurde. Ich weiss nicht mehr, ob sie gratis war oder ob sie etwas kostete. Obwohl nicht alles rationiert war im Krieg und man stets sagte, es sei genug zu essen für alle da, gab es Kinder, die Hunger litten. Grund dafür war auch nicht unbedingt der Nahrungsmittelmangel, sondern in erster Linie die Verarmung, die während dem Krieg eintrat. Die Lebensmittel hätten zwar ausgereicht, aber die Leute konnten sie sich nicht mehr leisten. Für die armen Kinder gab es im Winter also die Schulsuppe, und als es Sommer wurde und niemand mehr heisse Suppe wollte, kam die Schulmilch. Für die musste man zahlen, das weiss ich noch. Aber den ganz armen Kindern wurde die Zahlung erlassen.

Es war demütigend, arm zu sein. Alle, die ein wenig besser dran waren, wurden reich genannt. Das ist seltsam, aber die Kluft zwischen Arm und Reich war bereits in der Primarschule spürbar. Wir hatten gewisse Kinder auf der Latte, die ärgerten und piesackten wir, und wenn ich heute daran zurückdenke, waren das arme Kinder, die schlecht angezogen und ungepflegt waren. Kinder, deren Mütter ebenfalls arbeiteten. Diese Kinder bedauerte man nicht, man verachtete sie. Wir gehörten zu den reichen Kindern. Das heisst, am Anfang der Schulzeit noch nicht unbedingt, doch direkt nach dem Krieg setze ein Boom für die Autoindustrie ein, der Batterienmarkt lief gut, und mein Vater verdiente zunehmend mehr Geld. Aber schon vorher war genug da. Wir konnten uns alles leisten, was nötig war.

Eine weitere Neuerung war das Duschen in der Schule. Das war eine der absurdesten Einrichtungen. Plötzlich wurde angeordnet, vielleicht war das auch nur im Winter der Fall, dass alle Kinder einmal pro Monat duschen mussten. Man wurde in Zwölfergruppen in den Keller abkommandiert. Dort waren in einem grossen Raum zwölf Duschen installiert, im Halbkreis angeordnet. In der Garderobe mussten wir uns ausziehen, und es wurden kleine Schürzchen verteilt, die musste man sich umbinden. Die waren da, um unsere Blösse zu bedecken, das Hinterteil war frei. Ausserdem bekamen alle eine rote Gummihaube, um die Haare zu schützen. Gut, viele Mädchen hatten lange Zöpfe, es waren nicht alle so «kurz geschoren» wie wir, also machte das wahrscheinlich schon Sinn. Jedes Mädchen musste sich in eine Duschwanne begeben, und in der Mitte sass die Frau des Abwarts mit einem Zuber vor sich. Zuerst wurden Waschlappen verteilt, dann stellte sie das Wasser an und wieder ab und befahl, alle müssten sich jetzt das Gesicht mit dem Lappen waschen. Danach verteilte sie Seifenschaum, jedem Kind ein wenig auf seinen Waschlappen, und kommandierte, welche

Stelle gewaschen werden musste: unter den Armen, die Brust, der Bauch und zum Schluss noch unter dem Schürzchen. Finger, Ellbogen und Knie wurden mit einem Bürsteli und Schmierseife geschrubbt, zum Schluss nochmals alles zünftig abgeduscht. Nun befahl sie: «Jetzt alle umdrehen und das Schürzchen auswringen!» Dann durften wir abmarschieren.

Wahrscheinlich wurde das angeordnet, weil viele Haushalte gar kein Badezimmer hatten. Strom und Gas waren rationiert, man konnte also nicht einfach Warmwasser verbrauchen. Kurzum, man ging davon aus, dass sich viele Kinder nicht richtig waschen konnten. Auf der einen Seite war das echt ein Gaudi, aber auf der anderen einfach nur grotesk.

...

Die Pfadi war für mich das Grösste. Mit elf Jahren trat ich in die Pfadi ein und war sicher fünf oder sechs Jahre lang begeistertes Mitglied. Fast jeden Samstagnachmittag war man mit den Pfadis unterwegs. Das war natürlich eine reine Mädchengruppe, und die Maya war ebenfalls dabei. Wir waren sehr oft draussen und lernten viel. Zum Beispiel die Namen von Pflanzen und Blumen. Kameradschaft war ein wichtiges Wort bei der Pfadi, die wurde gestärkt. Wir machten viele Spiele, bei denen man ein gemeinsames Ziel hatte. Ausserdem unternahmen wir längere Ausflüge, zum Beispiel über Pfingsten. Am Samstagmorgen hatten wir Schule, aber am Mittag ging es los, über das ganze Wochenende, inklusive freiem Montag. Mit dem Rucksack und der Gamelle. Das war ein Spass, wenn wir draussen kochten. Zuerst bauten wir eine Feuerstelle aus Steinen, und in einem grossen Kochtopf wurde eisig kaltes Wasser aus dem Bach geholt. Das Wasser kam nie zum Kochen, und da warfen wir die Hörnli halt in das lauwarme Wasser. Zum Schluss war das Wasser verdunstet, die Hörnli noch völlig roh und gleichzeitig schwarz angebrannt, essen konnte man die auf keinen Fall. Da war es einfacher, wenn es Birchermüesli gab. Oder einen Cervelat, von zu Hause mitgebracht und auf einem Spiess über dem Feuer gebraten. Geschlafen wurde irgendwo bei einem Bauern im Stroh.

Es war ungefähr in der Mitte des Kriegs, da fing die Schweiz an, Erholungsurlaube für Kinder aus dem kriegsversehrten Ausland anzubieten. Sie sollten drei Monate hierbleiben, aufgepäppelt und danach wieder zurück nach Hause geschickt werden. Das war eine riesige Kampagne und rettete wahrscheinlich vielen Kindern das Leben. Es wurde an alle Familien appelliert, man solle doch ein solches Kind bei sich aufnehmen. Das machte eigentlich die ganze Schweiz. Praktisch alle Familien boten einem oder mehreren Kindern, meistens nacheinander, Unterkunft.

Diese Kinder mussten geholt und wieder zurückgebracht werden. Schweizer Züge fuhren in der Nacht nach Norden, Westen oder Osten und holten die Kinder ab. Ebenfalls in der Nacht kehrten sie wieder zurück und kamen um vier Uhr morgens in Basel an. Es konnte nur nachts gefahren werden, aus Sicherheitsgründen, wegen der Bomber.

Pro Zug stiegen mehrere Hundert Kinder aus. Diesen Anblick werde ich nie vergessen! Ein Köfferchen in der Hand, vielleicht einen Teddybären im Arm und eine Etikette um den Hals gehängt mit Namen und Angaben darüber, wer dieses Kind war. Zuerst wurden die Kinder «gereinigt», sie brachten Läuse und Flöhe und was weiss ich sonst noch mit. Das wurde zumindest behauptet. Zu diesem Zweck wurden sie mit dem Tram ins Hilfsspital gebracht. Dort zog man ihnen die Kleider aus, beschlagnahmte das Köfferchen mitsamt dem Teddybären. Nahm ihnen alles weg, was sie mitgebracht hatten, das letzte Stückchen Heimat. Die armen Kinder, die kamen schon völlig traumatisiert an und dann das. Sie wurden geduscht und desinfiziert, die Haare wurden gewaschen und wahrscheinlich abgeschnitten, wenn sie lang waren. Sie bekamen frisch gewaschene und desinfizierte Kleider, fremde selbstverständlich, nicht ihre eigenen. Danach wurden die Kleinen mit dem Tram zurück an den Bahnhof gefahren und von dort in verschiedene Schweizer Städte und Dörfer zu den Familien geschickt.

Nun war es aber so, dass das Hilfsspital nur vierzig Kinder auf einmal aufnehmen konnte und die Behandlung ungefähr eine Stunde dauerte. Alle anderen Kinder mussten am Bahnhof warten, bis sie an der Reihe waren. Wenn wir annehmen, dass vierhundert Kinder auf einmal ankamen, heisst das, dass die letzten ungefähr zehn Stunden am Bahnhof warten mussten. Für diese Zeit brauchte man ein Programm, und da kamen die Pfadis ins Spiel. Wir organisierten Spiele und versuchten den Kleinen so gut wie möglich zu erklären, was gerade passierte.

In diesen Zügen waren auch ganz junge Kinder. Die Mamme erzählte von einem, das nicht einmal zwei Jahre alt gewesen sei und keine Etikette um den Hals getragen habe. Man hatte keine Ahnung, wer dieses Kind war, woher es kam und wohin es sollte. Ich weiss nicht, was mit ihm geschah. Teilweise kamen sogar Mütter mit Buschis. Für die richtete man direkt neben dem Bahnhof ein Haus mit einer speziellen Betreuung ein. Immerhin war man hier der Ansicht, man könne diese Frauen nicht stundenlang am Bahnhof sitzen lassen. Für die Betreuung wurden Freiwillige aufgeboten, und da meldete sich meine Mutter. Meine Mutter, die sonst morgens kaum aus dem Bett kam, stand um vier auf und marschierte zu Fuss mit der Taschenlampe zum Bahnhof und half dort tatkräftig mit.

Die Kinder blieben, wie gesagt, drei Monate bei den Familien. Sie waren teilweise sehr stark abgemagert und verängstigt. Das ist eine schlimme Erinnerung. Unsere Familie hatte sich ebenfalls gemeldet, ein Kind aufzunehmen, und wir bekamen die Frantje zugeteilt, ein Mädchen aus Holland. Meine Eltern holten sie am Bahnhof ab. Ein wirklich entzückendes Mädchen von vielleicht sechs oder sieben Jahren, schwarzhaarig, mit ganz langen, schwarzen Wimpern. Heulend kam es an, weinte den ganzen Tag und sagte immer wieder: «Ik wil mami opbellen.» Wir wussten nicht recht, was das heissen sollte, und holten unsere Tante Anni, die Frau vom Bruder vom Pappe, die konnte etwas Holländisch. Sie übersetzte für uns, dass die Frantje ihre Mutter anrufen wolle.

Wir alle hatten dieses Mädchen sofort extrem gern, das war ein solch entzückendes Kind. Aber ganz und gar nicht verängstigt und überhaupt nicht unterernährt. Es beruhigte sich schnell und gewöhnte sich einigermassen bei uns ein. Sehr bald meldete sich sein Vater und teilte uns in recht gutem Deutsch mit, dass er so bald als möglich in die Schweiz kommen wolle, um sein Kind abzuholen. Dass er diesen Transport nur benutzt habe, um sein Töchterchen aus Holland herauszubekommen, und selbstverständlich nicht im Sinn habe, es einfach bei irgendwelchen Leuten zu lassen. Die Frantje war also nur drei oder vier Wochen bei uns, dann tauchte tatsächlich der Vater auf. Er hatte anscheinend die Möglichkeit, mitten im Krieg ins Ausland zu reisen. Ich glaube, er war Bankier, auf jeden Fall wohlhabend. Er wohnte zwar im Hotel, sass jedoch mehrere Tage lang bei uns rum, weil es gar nicht einfach war, die Frantje aus der Rot-Kreuz-Organisation freizubekommen. Aber er war erfolgreich. Er nahm die Frantje mit, verschwand, und wir hörten nie mehr etwas von ihnen.

Nachdem die Frantje weg war, kam ein Mädchen aus Österreich, die Gerlinde. Sie war ungefähr im gleichen Alter wie die Frantje, aber das war vielleicht ein abgemagertes, verschüchtertes Kind, wirklich. Die Gerlinde war lange bei uns. Nach den drei obligatorischen Monaten war sie überhaupt noch nicht erholt, und wir beantragten eine Verlängerung. Erstaunlicherweise bekamen wir die Genehmigung, obwohl die Organisatoren das gar nicht gerne machten. Eigentlich stellten sie sich auf den Standpunkt, dass drei Monate für alle gelten und keine

Ausnahmen gemacht würden. Selbstverständlich wollten alle ihre Kinder länger behalten und sie nicht nach drei Monaten zurück in die Bombenalarme und zerstörten Häuser schicken, man bekam sie ja gern. Aber wir erhielten die Verlängerung für die Gerlinde, und sie konnte weitere drei Monate bleiben. Sie war insgesamt ein halbes Jahr bei uns, und zu ihr behielten wir den Kontakt.

...

Zu Kriegsbeginn zog die Schweizer Armee sämtliche Autos von Privatpersonen ein und man bekam kein Benzin mehr. Deshalb sah man während dem Krieg auf den Strassen kaum Autos, es gab nur ganz wenige Ausnahmen, zum Beispiel für Ärzte. Es war die perfekte Zeit fürs Velofahren. Alle waren mit dem Velo unterwegs. Irgendwann in der Mitte des Kriegs, vielleicht 1942 oder 1943, kaufte der Pappe einen Topolino. Ich habe keine Ahnung, wo er den herhatte. Der Pappe führte ja eine Akkumulatorenfabrik. Er versah den Topolino mit einer grossen Batterie und betrieb ihn so. Auf der Hinterbank platzierte er die Batterie und konnte nun auch im Krieg Auto fahren. Natürlich nur sehr langsam, dreissig bis vierzig Stundenkilometer schaffte der Topolino maximal, und er fuhr mit einer vollen Batterie nicht weiter als vierzig Kilometer. Jede Nacht wurde das Auto in der Garage wieder aufgeladen. Der Pappe sass am Steuer, daneben die Mamme mit dem Andresli auf dem Schoss, und wir drei Mädchen quetschten uns neben die Batterie auf die Hinterbank. Zu sechst im Topolino, mit Batterie, das ging! Wir waren die Einzigen in Basel, die mit dem Auto umherfuhren.

...

Wir Kinder konnten nicht verstehen, was Krieg ist, und ich glaube auch nicht, dass die Erwachsenen es konnten. Oder können. Wir wussten einfach, wir sind gegen die Deutschen, gegen die Nazis und für die Engländer, das sind die Guten.

Es sprach niemand darüber, dass die Mamme Deutsche war. Man nahm sie als Schweizerin wahr, sie war ja integriert, das war nie ein Thema. Selbst bei der Mamme nicht. Sie erzählte weiterhin ihre Geschichten. Die faszinierten mich immer sehr, die Geschichten aus ihrer Jugend und aus Berlin. Das war eine alte, fremde Welt. Da ging es rassig zu, die hatten es toll, vor allem in ihrer Jungmädchenzeit während der «wilden Zwanziger». Die machte die Mamme voll mit, bevor sie 1929 heiratete.

Sie berichtete ausserdem viel vom Ersten Weltkrieg. Obwohl die Familie der Mamme gutbetuchte Leute waren, mussten sie Hunger leiden. Sie erzählte mir, dass das Brot oft völlig verschimmelt gewesen sei und dass sie das lustig gefunden hätten, weil man diese langen Schimmelfäden ziehen konnte. Das Brot wurde auf der Briefwaage abgewogen, so viel pro Erwachsener, so viel pro Kind, weil es derart knapp war. Nach dem Ersten Weltkrieg kam die grosse Inflation. Das Vermögen ihres Vaters war während dem Krieg in Brasilien konfisziert worden, weshalb er nach Kriegsende mit der Frau Kamilla nach Brasilien fuhr. Die Mamme kam in dieser Zeit in ein Internat. Sie begleitete den Vater und die Stiefmutter zum Schiff, und der Vater gab ihr seine restlichen Mark. Die Mamme meinte, sie hätte jetzt ein riesiges Vermögen, vierzehn Tage später war es kaum mehr etwas wert.

Während dem Zweiten Weltkrieg hatte die Mamme fast keinen Kontakt mehr zu ihrer Familie. Ihr Vater und ihre Stiefmutter wohnten in Berlin, die jüngere Schwester Herta in Brasilien und ihre ältere Schwester Romihi ebenfalls in Deutschland. Wir begriffen nicht, was das für die Mamme bedeutete. Uns war nicht bewusst, dass sie Angst um ihre Familie in Deutschland hatte, dass sie sie vermisste und dass sie sich von ihren Wurzeln abgeschnitten fühlte.

Der Grossvater hatte ihr offenbar geschrieben, dass es ihnen am Anfang noch recht gut ergangen, dass es jedoch mit der Zeit immer prekärer geworden sei. Irgendwann 1943 oder 1944 flüchteten sie aus Berlin. Wahrscheinlich gab es nicht mehr genug zu essen, also das ist meine Vermutung. Glücklicherweise konnten sie zu der Romihi und ihrem Mann.

Die Romihi hatte einen Arzt geheiratet, den Hans Mügge, dessen Mutter war Jüdin. Als Halbjude fiel er unter das Nazigesetz und wurde in der Armee nicht aufgenommen. Weil er aber mit einer arischen Frau verheiratet war, schickte man ihn nicht nach Auschwitz. Als Arzt konnte man ihn gebrauchen, und so wurde er mit seiner Familie nach Hemau in Bayern zwangsumgesiedelt, um dort die Zivilbevölkerung zu betreuen. Auf dem Land konnte man besser überleben als in der Stadt. Normalerweise wurden vor allem die Städte bombardiert, die Dörfer weniger, und es gab mehr zu essen. Ausserdem wurde der Hans als Arzt von seinen Patienten oft in Naturalien bezahlt, da Geld äusserst knapp war.

Als der Krieg vorbei war, vermutlich im Laufe des Sommers 1946, flüchtete mein Grossvater in die Schweiz. Die ganze Geschichte erzählten die Eltern uns nie. Ich weiss nur, dass er alleine von Hemau bis nach Lörrach kam. Das liegt direkt an der Grenze zu Basel. Meine Eltern hatten für ihn eine Aufenthaltsbewilligung für die Schweiz besorgt. Ein Schlepper, den ebenfalls meine Eltern aufgetrieben hatten, brachte meinen Grossvater an die grüne Grenze. Meine Eltern erwarteten ihn auf der Schweizer Seite und brachten ihn zu uns nach Hause, wo er ein paar Monate blieb. Er wartete auf ein Visum und eine Ausreisebewilligung nach Brasilien. Eigentlich war es schön, dass er eine Weile bei uns war, so lernte ich ihn wenigstens ein kleines bisschen näher kennen. Obwohl, er war ein solch unnahbarer Mann, ich kann mich nicht erinnern, dass ich mehr als ein paar Worte mit ihm wechselte. Irgendwann hatte er dann alle Papiere beisammen und reiste ab.

Nachdem er wohlbehalten in Brasilien angekommen war, wiederholte sich das ganze Szenario für die Frau Kamilla. Sie fuhr ebenfalls von Hemau nach Lörrach, wurde von demselben Schlepper über die Grenze gebracht, und meine Eltern erwarteten sie. Aber sie wurde erwischt und auf der Schweizer Seite verhaftet. Meine Eltern konnten von Weitem bei der Verhaftung zusehen. Sie schalteten sofort ihren Anwalt ein, doch die Frau Kamilla musste über Nacht im Gefängnis bleiben. Am nächsten Tag gelang es glücklicherweise, sie freizubekommen, immerhin hatte sie eine Schweizer Aufenthaltsbewilligung. Auch sie blieb mehrere Monate bei uns, bis ihre Reise nach Brasilien organisiert war.

Für die Mamme und ihre Geschwister war die Frau Kamilla nach dem Tod der Mutter die Rettung gewesen. Sie verstand es, mit meinem schwierigen, verschlossenen Grossvater, der vierundzwanzig Jahre älter war als sie und bereits drei Töchter und einen behinderten Sohn hatte, den richtigen Umgang zu finden und einen lockeren und angenehmen Ton in die Familie zu bringen. Wie ich schon erzählte, bekamen sie zusammen einen Sohn, den Adolf. Er wurde im allerletzten Kriegsmonat an die Ostfront geschickt und ward nicht mehr gesehen. Die Frau Kamilla wartete jahrelang auf Nachricht, aber der Adolf kam nicht mehr zurück.

Mein Grossvater und die Frau Kamilla blieben in Brasilien, sie lebten in São Paulo. Irgendwann starb der Grossvater, worauf die Erbschaft anfiel. Der Grossvater hatte ein grosses Vermögen in Brasilien, das sich in den langen Jahren seit dem Ersten Weltkrieg immer mehr bewertet hatte. Die Abwicklung der Erbschaft zog sich über zehn Jahre hin, und die Auseinandersetzung damit war ungemein schwierig. Da waren drei Töchter und ein bevormundeter Sohn aus erster Ehe. Auf der anderen Seite war die Frau Kamilla mit dem Sohn Adolf, der seit Jahren verschollen war und den man hätte für tot erklären müssen, was die Mutter natürlich lange nicht wollte. Dazu kam, dass es sehr schwierig war, mit dem brasilianischen Staat zu verhandeln, und ständig Beamte und Anwälte geschmiert werden mussten. Ausserdem durfte das Geld nicht ins Ausland überwiesen werden. Das Vermögen, das die Mamme schlussendlich erbte, wurde tranchenweise über Jahre hinweg in die Schweiz gebracht.

Einschneidende Erlebnisse

Ich erinnere mich genau an den 8. Mai 1945. Wir sassen in der Schule und hörten plötzlich einen ungewohnten Lärm. Die Türe flog auf und jemand rief ins Zimmer: «Der Krieg ist vorbei! Der Krieg ist vorbei!» Alle rannten zum Schulhaus hinaus. Aus den Wohnhäusern, Büros, Geschäften strömten die Menschen auf die Strassen, alle in einem enormen Freudentaumel. Sie lachten und tanzten und sangen bis in die späte Nacht hinein. Wildfremde Leute umarmten sich. Der Krieg war endlich zu Ende.

Natürlich war er noch lange nicht wirklich vorbei. In Japan zog er sich bis zum September hin, bis nach dem Atombombenabwurf. Und in Deutschland war der erste Winter nach Kriegsende, der Winter 1945/46, wahrscheinlich der schlimmste von allen. Wie viele müssen damals an Kälte und Hunger gestorben sein! Auch in unserem Alltag änderte sich nichts. Es gab nach wie vor Lebensmittelcoupons, weder Schokolade noch Butter oder Schlagrahm, und genügend Fleisch bekam man noch immer nicht. Es dauerte mindestens ein oder zwei weitere Jahre, bis sich die Umstände verbesserten. In der Schweiz, wohlbemerkt; im kriegsversehrten Ausland hielten die Nachwirkungen des Kriegs noch viel länger an.

...

Der Umzug an die Hardstrasse bedeutete eine Zäsur in meinem Kinderleben. Gleichzeitig mit dem Abschied von der Lindenhofstrasse schloss ich die Primarschule ab. Bis anhin war ich mit der Maya zusammen in die Klasse gegangen. Nun besuchte ich während eines Jahres die Übergangsklasse, und die Maya trat in die Steinen-Schule ein. Das war keine gute Idee. Unser Onkel Hans war Lehrer an der «Steinen» und hatte dem Pappe empfohlen, die Maya unbedingt dorthin und nicht ins Mädchengymnasium zu schicken. Und der Pappe folgte diesem Rat. Die Steinen-Schule war eine Realschule, das entspricht der heutigen Sekundarschule. Man nahm der Maya von Anfang an die Möglichkeit einer höheren Ausbildung, damals war es noch nicht möglich, die Matura später nachzuholen.

Immerhin merkten meine Eltern rasch, dass die «Steinen» doch nicht die bessere Schule war, und ich wechselte nach dem einen Jahr Übergangsklasse ans Mädchengymnasium. Dieses Zwischenjahr brachte mir zwar nicht viel, aber wenigstens war ich nachher im richtigen Alter und vor allem reif genug für die Oberstufe.

Die ersten beiden Jahre im Gymnasium waren für alle Schülerinnen gleich, erst ab der siebten Klasse fand eine Aufteilung in drei Profile statt: die G-Abteilung, die einzige richtige Gymnasialabteilung mit Latein und eidgenössischer Matura, die R-Abteilung, die konnte nur mit einer kantonal anerkannten Matura abgeschlossen werden, und dann noch die Höhere Töchterschule, die sogenannte A-Abteilung. Diese dauerte gleich lange wie die beiden anderen Abteilungen und beinhaltete dieselben Fächer ausser Latein, zum Abschluss winkte jedoch nur ein Diplom. Der Pappe hatte von Anfang an gesagt, ich sei zu dumm für die eidgenössische Matura, und schickte mich in die R-Abteilung. Dies, obwohl dort der Schwerpunkt vor allem auf den mathematischen Fächern lag und klar war, dass dieser Bereich ganz sicher nicht meine Stärke war.

Mit vierzehn brachen meine schulischen Leistungen völlig ein. Ich fiel ein Jahr zurück und musste in die A-Abteilung wechseln. Ich konnte also ebenfalls keine Matura machen. Erst die Muggi wurde a priori für die G-Abteilung angemeldet und schloss mit der Matura ab.

Schuld an dieser Wendung war der Pappe. Wie gesagt, war er ein unberechenbarer Mensch. Plötzlich konnte er unvermittelt ausrasten und uns eine schmieren. Am liebsten jedoch spickte er einen mit Daumen und Zeigefinger an den Oberarm oder den Kopf. Das machte er ständig, wann immer ihn etwas störte. Er hatte sehr harte Finger.

Aber was an diesem einen Tag passierte, das war etwas anderes als sonst. Er war sowieso schon sauer auf uns Kinder gewesen. Das Dienstmädchen war krank, und wir hatten der Mamme nicht recht im Haushalt geholfen und auch sonst nicht gehorcht. Deshalb wurden wir an diesem Abend ohne Nachtessen ins Bett geschickt und hätten das Licht um acht Uhr löschen sollen. Was ich nicht getan hatte. Ich lag mit eingeschalteter Nachttischlampe im Bett, auf dem Bauch, mit einem Buch vor mir. Da stürmte der Pappe herein, riss mir die Decke weg und prügelte auf mich ein, schlug und schlug mit voller Kraft – er hatte viel Kraft – und wollte nicht mehr aufhören. Dabei rutschte mir das Nachthemd hoch, er schlug mich auf das nackte Hinterteil. Irgendwann zerrte ihn die Mutter von mir weg. Ich war grün und blau und konnte die nächsten drei Wochen nicht mehr sitzen.

Dieser Übergriff, diese Verletzung meiner Integrität hatte einen viel grösseren Einfluss auf mein Leben, als mir damals bewusst war. Wir redeten nie darüber, das war das Schlimmste. Es wurde völlig totgeschwiegen, wurde einfach nie mehr erwähnt. Ich wusste nicht einmal, ob es dem Pappe leidtat. Auch die Mutter sagte nichts. Erst viel später realisierte ich, dass mein Leben danach nicht mehr dasselbe war. Ich war ein fröhliches Kind gewesen. Von da an war ich nicht mehr fröhlich. Von da an war ich irgendwie zu. Ich bekam Schwierigkeiten in der Schule, musste eine Klasse wiederholen und in die Höhere Töchterschule wechseln. Ich wollte mich lange Zeit nicht mehr schön anziehen, trug nur noch ausgelatschte Schuhe und ausgeleierte Kleider. Ich hatte irgendwie das Gefühl, es sei lächerlich, mich hübsch zu machen. Ich glaube, dass diese wahnsinnige Wut, die ich in meinem Leben auf den Pappe hatte, die alle positiven Erinnerungen an meine Kindheit und Jugend überschattete und die ich später auf andere Männer projizierte, entscheidend von diesem Vorfall herrührte.

Trotzdem beeindruckte mich der Pappe. Er war sehr belesen und wusste enorm viel. Wenn er am Mittag nach Hause kam, setzte er sich an den Tisch, wurde zuerst bedient und verliess den Tisch als Erster wieder. Er wartete nicht einmal, bis die Mamme fertig gegessen hatte, sondern ging sofort ins Wohnzimmer, um die Zeitung zu lesen. Das Dienstmädchen servierte ihm den Kaffee dorthin. Die «Neue Zürcher Zeitung» kam damals dreimal pro Tag: das Morgen-, das Mittags- und das Abendblatt. Wenn der Pappe alle Zeitungen gelesen hatte, lag eine Beige Bücher bereit. Er war äusserst interessiert, an verschiedenen Gebieten. Er hatte zum Beispiel das «National Geographic» abonniert. Oder er plante Reisen und informierte sich dafür genauestens über die Regionen, studierte Landkarten und Reiseführer. Zudem las der Pappe philosophische Werke, Kant und Nietzsche, und einmal brachte er sieben Bände Schopenhauer mit nach Hause. Sieben Jahre lang ackerte er sich durch die sieben Bände. Französische und englische Bücher fanden sich ebenfalls in seiner Bibliothek.

...

Mit vierzehn Jahren begann für uns Basler Mädchen aus den «besseren Kreisen» die Tanzstunde. Wir gingen zur Frau Biggel in die Eisfabrik an der Rheingasse, eines der miesesten Quartiere in Basel. Die «Herren» waren bereits sechzehn und schon konfirmiert. Die «Damen», so wurden wir wirklich genannt, mussten die Tanzstunden mehr als ein Jahr vor der Konfirmation besuchen, weil es im Winter direkt vor der Konfirmation verboten war, zu tanzen.

Der Unterricht fand in einem grossen Saal statt, links und rechts eine lange Bank. Auf der einen sassen die Herren, auf der anderen die Damen. Die Frau Biggel zeigte die verschiedenen Tänze vor und sagte dann: «Engagieren!» Und die Herren stürzten quer durch den Saal, um eine Dame zum Tanz zu bitten. Gekrönt wurde das Ganze zum Schluss des Kurses vom «Tanziball». Dafür bekamen wir unser erstes Ballkleid, das war lang, bis zu den Füssen. Dieser Ball war ein wichtiges gesellschaftliches Ereignis. Man wollte nämlich möglichst von einem Herrn aus dem «Teig», der guten alten Basler Gesellschaft, eingeladen werden. Von einem, der ans Humanistische Gymnasium ging. Ich wurde von einem gefragt, der eine kaufmännische Lehre machte. Das war zwar nicht das, was man sich in unseren Kreisen vorstellte, aber immerhin, so einer war noch besser, als wenn man gar keine Einladung bekam und am Mädchentisch sitzen musste.

Als ich sechzehn war, verbrachten wir die Winterferien auf der Lenzerheide, und die Eltern reservierten im Hotel Schweizerhof für den Silvesterball. Wir wohnten im Hotel Danis, das war damals eine kleine Familienpension. Die Maya und ich wollten zuerst nicht mit in den «Schweizerhof», wir dachten, das wird gleich blöd wie immer. Diese Silvesterbälle waren bis anhin alle stinklangweilig gewesen. Bei uns im Hotel wohnte eine Gruppe Engländer mit Mädchen und Buben zwischen vielleicht sechzehn und neunzehn Jahren. Das Hotel Danis hatte für den Silvesterabend eine Hudigäägeler-Kapelle engagiert, und als die anfing zu spielen, kamen prompt zwei dieser Engländer und forderten die Maya und mich zum Tanz auf. Leider könnten sie nicht den ganzen Abend hierbleiben, sie gingen alle zum Silvesterball ins Hotel Schweizerhof, verrieten sie uns. Da waren die Maya und ich vielleicht schnell umgezogen, um die Eltern zu begleiten. Das war das erste Mal, dass ich mich verliebte, in den Engländer Tim Wood, mit dem ich dort den ganzen Abend verbrachte.

Der Timmy lebte in London. Er lud mich zu sich in die Frühlingsferien ein, und nachdem seine Mutter einen Brief mit einer offiziellen Einladung geschickt hatte, erlaubten meine Eltern die Reise, zu meiner Verblüffung. Der Tim, sein älterer Bruder und die reizende Mutter zeigten mir London. Auch die Umgebung erkundeten wir, Windsor Castle zum Beispiel. Meistens begleiteten uns einige Freunde vom Timmy, ich war also immer das einzige Mädchen in einem Haufen von Jünglingen. So etwas hatte ich noch nie erlebt. Drei Wochen London. Meine Eltern hatten sogar gestattet, dass ich drei Tage die Schule schwänzte. Die Konrektorin hingegen fand das gar nicht in Ordnung, ich musste nach meiner Rückkehr siebzehn Stunden Arrest absitzen. Meine Familie lud den Tim dann in die Sommerferien nach Südfrankreich ein. Aber es war nicht mehr dasselbe. Die grosse Liebe war offenbar vorbei, und wir sahen uns danach nie mehr.

...

Nach dem Krieg fingen unsere Familienreisen ins Ausland an. Wir fuhren jedes Jahr in die Sommerferien, 1947 nach Holland. Die Mamme freute sich wie ein kleines Kind, als sie endlich ihr geliebtes Meer wiedersah. Ein Jahr später mietete der Pappe zusammen mit Freunden eine grosse Villa in Südfrankreich, in der Nähe von Hyères. Einen ganzen Monat für tausend Franken. Das

Haus hatte vierzehn Betten, einen eigenen Strand mit Badehaus, und es war ein Ehepaar vor Ort, das kochte und putzte. Alles war wunderschön und sehr gepflegt, es war traumhaft. Im darauffolgenden Sommer fuhren wir nach Spanien. Der Pappe hatte irgendwann, wahrscheinlich Anfang 1948, seinen ersten Amerikaner gekauft, einen knallgelben Kaiser, der war richtig gross. In diesem gelben Auto kamen wir, der Pappe, die Mamme, die drei Töchter und der Bub, alle hellblond, alle in Hosen und Sommerleibchen, in der alten Königsstadt León an wie der Zirkus. Die Messe war gerade zu Ende und die Strasse gesäumt von schwarz gekleideten Menschen. Die Kinder rannten uns nach und die Leute zeigten auf uns. Das war das erste und einzige Mal in meinem Leben, dass ich erlebte, dass sich der Pappe genierte.

Der Pappe hatte als junger Mann drei Jahre lang in Barcelona gelebt. Er konnte ziemlich gut Spanisch und kannte die spanischen Gewohnheiten und Verhältnisse. Trotzdem wurde er jeden Tag stinkwütend. Wie zu Hause stand er um sieben Uhr morgens auf und wollte dann sein Frühstück haben. Aber vor acht, wenn überhaupt, war im Hotelrestaurant niemand anzutreffen. Am Abend dieselbe Geschichte: Wir standen hochglanzpoliert vor dem Restaurant und warteten, bis es endlich öffnete. Dann assen wir ganz alleine, und wenn wir um zehn oder halb elf fertig waren, trudelten die anderen Gäste langsam ein. Das wiederholte sich Tag für Tag.

Für die damaligen Verhältnisse waren wir eine äusserst sportliche Familie. Sport war zur Zeit meiner Kindheit und frühen

Jugend nicht sehr verbreitet. Das kam in erster Linie vom Pappe, der ebenfalls schon immer viel Sport getrieben hatte. In seiner Studentenzeit war er sogar Extrembergsteiger gewesen und hatte sich zusammen mit den bekanntesten Bergsteigern seiner Zeit einen Namen gemacht. Sein grosser Stolz war die Erstbesteigung der Mönch-Nordwand, zusammen mit dem Hans Lauper. Das war sicher eine spektakuläre Leistung, wenn man beachtet, was für Ausrüstungen die damals hatten. Gleichzeitig war der Pappe einer der ganz frühen Skifahrer. Schon zu seiner Studentenzeit, noch vor dem Ersten Weltkrieg, war er auf den Skiern unterwegs. Er kannte nicht nur alle Berge, sondern auch jegliche Skirouten. Der Aufstieg musste damals fast immer zu Fuss bewältigt werden; Bergbahnen gab es erst ganz wenige.

Nachdem er sein Studium beendet hatte, hörte der Pappe mit dem Extremsport auf. Er ging ins Ausland und lebte da mehrere Jahre, und nach seiner Rückkehr in die Schweiz fing er nicht mehr damit an. Aber Touren machte er nach wie vor, und er fuhr viel Ski und brachte es uns Kindern früh bei.

Meine ersten Skiferien verbrachten wir in Klosters, da war ich wahrscheinlich sieben Jahre alt. Die Mamme entwickelte leider keinen allzu grossen sportlichen Ehrgeiz, was das Skifahren anbelangte. Sie fing mit uns zusammen an, wir fuhren allerdings rasch viel besser als sie. Später, das war in St. Moritz, engagierte sie einen Privatskilehrer. Das war der damals noch junge Giovanni Testa, der spätere Begründer der berühmten Testa-Dynastie. Neben Klosters waren wir an verschiedenen anderen Orten in den Winterferien, während dem Krieg mehrmals in St. Moritz. Der bekannte Ferienort war in den Kriegsjahren schwach besucht. Die grossen Hotels hatten Mühe, sich durchzuschlagen, viele gingen Konkurs und mussten von den Banken übernommen werden. Im Krieg war nicht nur das Essen rationiert, sondern auch Kohle und Holz, um die Häuser zu heizen. Die Temperatur in den Schulhäusern – meines Wissens in allen öffentlichen Gebäuden – durfte siebzehn Grad nicht übersteigen. Und um Kohle zu sparen, verlängerte man die Winterferien. Anstatt der üblichen zwei hatten wir plötzlich drei und später sogar vier Wochen Ferien. Zwei oder drei Winter mieteten wir eine Wohnung in St.-Moritz-Bad unten, also relativ weit weg von der Corviglia-Bahn. Immer um zehn Uhr morgens mussten wir in der Skischule sein. Zuerst stiegen wir mit den Skiern auf den Schultern das Dorf hoch, fuhren mit der Corviglia-Bahn bis zur Mittelstation Chantarella, um von dort weiter nach Salastrains hochzulaufen, wo die Skischule stattfand. Am Mittag assen wir mit den Eltern in der Skihütte. Oft bestellte man das Dienstmädchen mit ein paar Schnitten auf zwölf Uhr. Im Restaurant konsumierte man nur eine Suppe und etwas zu trinken und verpflegte sich daneben mit dem Picknick. Das war normal, das machten viele Leute so.

So lernten wir in der Kriegszeit recht gut skifahren. Nach dem Krieg kamen wir nie mehr nach St. Moritz. Der Pappe war wütend geworden, weil die St. Moritzer die Schweizer nicht mehr würdig pflegten, seit die Ausländer wiederkämen. Von da an gingen wir nach Grindelwald oder an andere Orte.

Eine weitere, bedeutende sportliche Betätigung war das Velofahren. Mit dem Velo waren wir gewissermassen verwachsen, es war einer der wichtigsten Bestandteile meiner Kindheit. Mit Velofahren angefangen hatte ich schon mit sieben oder acht. Die Maya hatte zur Weihnacht ein ganz kleines Velöli geschenkt bekommen. Ein solches hatten nur wir, ich sah während meiner ganzen Kindheit in der Umgebung kein anderes dieser Art. Die Maya war kein besonders mutiges Kind und wollte von dem Velöli nichts wissen. Kurz nach Weihnachten verschwand es daher wieder, und im darauffolgenden Jahr bekam ich es geschenkt.

An der Lindenhofstrasse nahm ich es in Betrieb. Wie gesagt, fuhren dort keine Autos, es war absolut perfekt. Da gab es nicht nur die gerade Quartierstrasse, sondern auch eine ganz steile Strasse. Mein Gott, wie hat es mich da ab und zu vertätscht, wenn ich die Strasse runterdonnerte, das Velöli schneller und schneller wurde und ich die Bremsen nicht mehr erwischte! Das Velo war oft kaputt. Häufig, weil die grossen Buben es mir wegnahmen und extra unvorsichtig damit herumfuhren. Oder sie bauten es auseinander. Das war interessant, man fand nämlich Bleikugeln darin, Kugellager, die klauten die Buben. Es gab viel Ärger mit diesem Velöli, weil es immer wieder Kosten verursachte, trotzdem war es ein Hit. Mit der Zeit schöpfte die Maya ebenfalls Mut und benutzte es. Danach bekam es die Muggi, und später fuhr sogar noch der Andresli damit herum.

Als wir älter wurden, brauchten wir ein richtiges Velo. Das musste man einfach haben. Es gab zwar das Tram und wir besassen eine Tramkarte, es war jedoch verboten, damit in die Schule zu fahren. Wir konnten entweder in die Schule laufen, das ging zwanzig bis fünfundzwanzig Minuten, oder eben mit dem Velo fahren. Wie immer bekam zuerst die Maya eines zu Weihnachten, einen fürchterlich schweren, schwarzen, englischen Göppel. Da hatte ich etwas mehr Glück. Mir wurde ein Jahr später ein nigelnagelneues Motosacoche-Sportvelo geschenkt. Zuerst erschrak ich zwar, denn es war ockerfarbig. «Ou, die Farbe ist heikel!», dachte ich. Aber die anderen Kinder erblassten vor Neid, als sie mein neues Gefährt erblickten. Egal wo wir hingingen, in die Schule, zum Baden, in den Wald, wir nahmen das Velo.

Später machten wir sogar Touren. Einmal fuhren wir zusammen mit ein paar anderen Kindern an den Hallwylersee und übernachteten im Zelt. Ein anderes Mal unternahmen die Maya und ich, nur zu zweit, eine mehrtägige Reise. Ab Basel radelten wir über Biel nach Lausanne, von dort ein Stück das Wallis hinauf, über den Col du Pillon und wieder hinunter nach Spiez. Von da ging es mit dem Zug zurück nach Hause. Der Pappe hatte uns für die ganze Tour hundert Franken mitgegeben, und wir verbrauchten alles. Wir waren vier oder fünf Tage unterwegs und am Schluss hatten wir genau noch das Geld für den Zug übrig. Fast hätten wir uns nicht nach Hause getraut, weil wir dachten, wir hätten zu viel ausgegeben. Aber der Pappe trug es mit Fassung.

Die Sommer meiner Kinder- und Jugendzeit waren ausserdem geprägt von der «Kon-Tiki». Der Pappe war ja Ingenieur und eigentlich auch ein Erfindergeist, und irgendwann begann er, ein Schiff zu konzipieren. Nach jahrelangem Studieren, Zeichnen und

Planen war der Entwurf vollendet: ein Katamaran, zwölf Meter lang und vier Meter breit, mit je einem Schwimmer links und rechts. Darauf stellte er ein Häuschen, ausgestattet mit einem Esstisch und zwei Bänken, je zwei Meter lang, damit zwei Personen darauf schlafen konnten, einer Kochecke und einem Schrank. Der Rest des grossen Decks war darauf ausgerichtet, dass Hängematten an den Seitenpfosten befestigt werden konnten. Ein Segeltuchdach schützte vor Hitze und Regen. Der Pappe hatte sich von Thor Heyerdahl, dem berühmten norwegischen Forscher, inspirieren lassen und nannte sein Schiff Kon-Tiki. Stationiert war es im Hafen von Stansstad.

Jeden Samstag bereitete die Mamme alles auf den Mittag vor, damit wir, sobald wir Kinder von der Schule nach Hause gekommen waren, losfahren konnten. Wir kochten sogar auf dem Schiff, die Mamme präparierte alles so, dass es in dieser primitiven Küche genussfertig gemacht werden konnte. Am Abend ankerten wir an einem geeigneten Ort und übernachteten auf der «Kon-Tiki». Die Kinder auf einer Gummimatratze oder in Hängematten, die Eltern auf den zwei Bänken in der Kabine. Zuhinterst hatte es ein kleines WC-Häuschen mit einem Plumpsklo. Man liess alles einfach in den See fallen. Gleichzeitig wurde das Wasser zum Kochen ebenfalls aus dem See geschöpft.

Die Mamme war fast schon fanatisch versessen auf die «Kon-Tiki», praktisch jedes Wochenende verbrachten wir im Sommer auf unserem Schiff. Zum Equipment gehörte ein kleines Ruderbötchen und später ein Motorboot, mit dem Wasserski gefahren wurde. Der Pappe hatte die «Kon-Tiki» sicher zwanzig Jahre lang.

Selbst als wir schon lange ausgezogen waren, besuchten wir die Eltern an den Wochenenden immer wieder einmal auf dem Schiff. Sogar noch mit den eigenen Kindern.

...

Eigentlich wollte ich Sängerin werden. Musik spielte von früh auf eine wichtige Rolle in meinem Leben. Die Mamme spielte Klavier, wie alle Töchter aus gutem Haus, und der Pappe während seiner ganzen Jugendzeit Querflöte. Schon früh, bevor ich in die Schule kam, begann ich, auf dem Klavier zu spielen. Zuerst spielte ich Kinderlieder nach, die ich kannte, und versuchte eine Begleitmelodie zu finden. Mit sieben Jahren schickten mich meine Eltern in die Klavierstunde, zum Fräulein Meyrat. Leider passierte, was in der Musikschule fast immer passiert: Als Erstes wurde mir die Freude verdorben. Ich wurde von Anfang an gezwungen, Noten zu lernen, und während der ersten zwei Jahre durfte ich nur Fingerübungen machen und Tonleitern üben. Trotzdem blieb ich fünf Jahre beim Fräulein Meyrat. Dann verleidete es mir total. Ich fasste das Klavier zwei Jahre lang nicht mehr an. Irgendwann fehlte es mir doch, und mit ungefähr vierzehn ging ich an die Musikschule zum Fräulein Litters. Bei ihr übte ich weitere fünf Jahre sehr engagiert und erreichte ein gutes Level. Aber was ich wirklich wollte, war singen. Singen war meine Vokation. Schon als ganz kleines Kind sang ich immer und überall, bereits vor der Primarschule konnte ich die zweite und dritte Stimme zu einem Lied arrangieren. Wir sangen auch in der Familie viel. Vor allem Moritaten, solche Grusellieder. Da hatten wir ein grosses Repertoire. Musik war zudem in der Schule ein wichtiges Fach, und in der Pfadi wurde gleichermassen viel gesungen.

Mit fünfzehn oder sechzehn Jahren fing ich an, Gesangsstunden zu nehmen. Von da an war für mich klar: Ich werde Sängerin. Der Pappe hingegen sagte nur, was alle Väter immer sagen: «Weisst du, singen ist schon schön. Aber ich würde vorschlagen, zuerst lernst du etwas Rechtes. Du kannst später immer noch singen, wenn es dir weiterhin Freude macht. Und vielleicht macht es dir sogar mehr Freude, wenn du nur zum Plausch singen kannst, als wenn du von deinem Stimmchen leben musst.» Das vergass ich nie mehr, und in der Tat war ich froh, dass ich nicht von meinem Stimmchen leben musste.

...

Wir waren seinerzeit eine avantgardistische Familie. Man muss die Dinge ja immer aus der damaligen Perspektive betrachten. Die Mamme bestand zum Beispiel darauf, dass wir Mädchen, wenn es schneite, mit Hosen in die Schule gehen durften. Obwohl das der Lehrerin gar nicht passte und sie uns wieder nach Hause schickte. Und wie sie es schon bei der Geburt vom Andresli getan hatte, klärte uns die Mamme ebenso über die Menstruation auf, und zwar rechtzeitig, bevor das Thema aktuell wurde. Die meisten Mädchen konnten das von ihren Müttern nicht behaupten. Es war allgemein üblich, Kinder, insbesondere Mädchen, nicht aufzuklären. Die These war die: «Die brauchen das gar nicht zu wissen, sonst kommen sie noch auf blöde Gedanken. Die merken es schon, wenn's soweit ist.» Viele Mädchen gingen in die Hochzeitsnacht, ohne zu wissen, was sie erwartete. Man überliess die junge Frau dem Ehemann, der seinerseits wahrscheinlich ebenso wenig Ahnung hatte. Das waren eigentlich autorisierte Vergewaltigungen, diese Hochzeitsnächte.

Die Mamme also, sehr modern, klärte uns einigermassen ernsthaft auf, und einige Jahre später, als die Maya von einem jungen Mann zu einem Ausflug eingeladen worden war, vertiefte sie das Thema. Sie erklärte uns, dass man sich vor den Männern in Acht nehmen müsse, denn die würden bei jeder möglichen Gelegenheit versuchen, ein Mädchen reinzulegen. Dass die armen Männer aber gar nichts dafür könnten, dass sie einfach so gemacht seien, weshalb ein Mädchen immer auf der Hut sein und dafür sorgen müsse, dass ihr kein Mann zu nahe komme. Genauer führte sie es nicht aus.

Wenn ich es mir heute überlege, finde ich diese Argumentation raffiniert und gleichzeitig perfid. Sie suggeriert, dass nur der Mann sexuelle Interessen hat, und unterschlägt, dass es ein Pendant auf der weiblichen Seite gibt. Die Mamme hatte auf jeden Fall das Gefühl, dass sie uns mit diesen Informationen gut genug schützte. Und es passierte auch nie etwas, bei keiner von uns.

Obwohl wir also ein sehr gutes, aufgeschlossenes Verhältnis zur Mamme hatten, fühlte ich mich eher zum Pappe hingezogen. Trotz seiner Gewaltausbrüche entwickelte ich eine immer stärker werdende Faszination für ihn, und mir war gar nicht wirklich bewusst, dass ich mal so werden wollte wie er. Nicht wie die Mamme. Nur daheim zu sitzen und das Hausmütterchen zu spielen, das kam auf keinen Fall in Frage. Auf jeden Fall glaubte ich das. Gleichzeitig war ich extrem wütend auf den Pappe. Ich hatte immer eine intensive Verbindung zu meinen Eltern, selbst nach meiner Heirat und nachdem die Kinder auf der Welt waren. Aber alles war überschattet von seiner, wie soll ich es sagen, Machtanmassung. Er machte alle Familienmitglieder, uns Kinder, genauso aber die Mamme, ständig herunter und zog über das weibliche Geschlecht her. Er beanspruchte die Macht in der Familie für sich. Und die Mamme ermöglichte ihm das, fungierte als seine Zudienerin. Das galt natürlich nicht nur für unsere Familie, das hatte generell Gültigkeit. Die Männer befahlen, nahmen sich alles heraus, und die Frauen spielten dieses Spiel mit, sie akzeptierten die Regeln. Dadurch machten sie sich mitschuldig.

Ich lehnte mich gegen diese Haltung auf. Ich wollte beweisen, dass ich als Mädchen ebenso gut war. Und ich war wütend, wütend auf die Ablehnung, die mir entgegenschlug, wütend auf den Pappe und wütend auf die Männer im Allgemeinen. Es dauerte sehr lange, bis ich merkte, dass daran nicht die Männer schuld sind, sondern das patriarchale System.

Im Laufe der Jahre veränderte sich der Pappe stark und wurde milder. Mir jedoch wurde das erst später bewusst. Das Bild, das ich von ihm hatte, blieb noch lange dasselbe. Unbestritten aber war er ein ungemein spannender Mensch.

Einstieg in die Hotelbranche

Im Winter 1952/53 begann mein Studium an der Hotelfachschule in Lausanne. Ich hatte nach einem passenden Beruf gesucht, und die Hotelfachschule schien mir perfekt. Ihr Programm zur Ausbildung junger Hoteliers bestand aus drei Kursen: Küche, Service und Administration. Jeder Kurs dauerte fünf Monate mit jeweils anschliessendem Praktikum. Für die Mädchen hatte man selbstverständlich nicht das gesamte Programm vorgesehen, sondern einen Lehrgang mit dem Namen «Aide-directrice», speziell auf die Bedürfnisse junger Frauen ausgerichtet. Er dauerte nur einen Winter lang, von Oktober bis Ende März, und bildete uns darin aus, dass wir unseren Herrn Direktor, den wir vielleicht einmal heiraten würden, unterstützen konnten, nämlich in der Hauswirtschaft und im Sekretariat. Uns wurde einerseits die Arbeit an der Réception gelehrt, die «Main courante» und allgemeine Büroarbeiten, andererseits wurde uns theoretisch beigebracht, wie man den Haushalt eines Hotels führte. Dem Kurs folgte ein Praktikum in einem dieser beiden Bereiche.

Gleichzeitig mit mir fing meine Freundin Ariane Sarasin an der Hotelfachschule an. Kurz vor Beginn fuhren wir zusammen nach Lausanne, um ein Zimmer zu suchen, und kamen beide bei einem jungen Schreiner und seiner Familie unter. Von ihrer Dreizimmerwohnung vermietete die vierköpfige Familie ein Zimmer mir und eines der Ariane. Sie selber wohnten im Wohnzimmer mit Küche, Badezimmer und Entrée.

Am Eröffnungsabend lernten die Ariane und ich drei junge Italiener kennen. Darunter war der Ricardo Fiorentino, er und die Ariane verliebten sich auf den ersten Blick ineinander. Der Ricardo kam aus Napoli und seine Eltern führten das beste Luxushotel der Stadt, direkt an der grossen Avenue am Strand. Er erzählte uns, dass er im selben Strässchen wohne wie wir und dass er das Zimmer mit einem jungen Schweizer teile. Der sei im Moment noch im Militärdienst, sobald er jedoch ankomme, hätten wir auch schon einen Freund für mich. Das war der Hans Leu. Dasselbe erzählte der Ricardo offenbar dem Hans, als er ihn eine Woche später vom Bahnhof abholte. Der aber sagte nur: «Vielen lieben Dank, ich suche mir meine Freundinnen gerne selber aus.» Trotzdem kam er gleich nach seiner Ankunft mit dem Ricardo zu uns zu Besuch. Wir hatten nämlich ein kleines Kaffeemaschineli und immer ein paar Gutzi oder Schokolädli im Haus.

So lernte ich den Hans kennen. Einige Wochen später, an einem schönen Morgen, traf ich ihn auf dem Schulweg, und in der Schule angekommen, assen wir das Frühstück gemeinsam. Es war damals üblich, übrigens genauso in den Hotels, dass man zum Brot pro Kopf drei Rölleli Butter bekam, die lagen bereits auf dem Teller, mehr gab es nicht. Und ich offerierte dem Hans eines meiner Butterrölleli, obwohl ich es eigentlich gerne selber gegessen hätte. Dieses Angebot nahm er dankend an, und von da an setzte er sich fast jeden Tag beim Frühstück neben mich.

Der Hans absolvierte an der Hotelfachschule Lausanne nur den Küchenkurs. Das war der letzte nach den beiden Kursen für die

Réception und den Service. Diese hatte er schon vorher an der Hotelfachschule Luzern besucht, und die beiden anschliessenden Praktika hatte er ebenfalls bereits in der Tasche. Oft wenn ich an der Küche vorbeiging, winkte er mir vom Fenster aus zu. Das machte mich ziemlich verlegen. Gleichzeitig gab er sich zurückhaltend und machte sich rar. Kurzum, ich wusste nicht, wie ich sein Verhalten interpretieren sollte. Interessierte er sich für mich? Mochte er mich vielleicht sogar? Ich wusste es nicht. Ich wusste nicht einmal, ob ich mich überhaupt für ihn interessierte.

Im Laufe des Winters lernten wir uns immer besser kennen, und langsam entwickelte sich eine emotionale Spannung. Aber erst am Ende des Kurses, als im März der Autosalon in Genf stattfand, kamen wir uns wirklich näher. Der Pappe ging aus geschäftlichen Gründen jedes Jahr an den Autosalon. Dazu lud er mich jetzt ein. Als der Hans das hörte, sagte er: «Oh, der Autosalon, der würde mich interessieren. Da käme ich gerne mit», und fuhr mir mit dem Zug nach. Dann kaufte der Pappe einen neuen Amerikaner, dieses Mal einen Chrysler, der war dort ausgestellt. Er war blau metallisé, ein wunderschöner grosser Chlapf. Den zeigte ich dem Hans, ich wollte ihm offenbar imponieren. Was auch gelang; zurück nach Lausanne fuhr er mit dem Pappe und mir im Auto.

...

Zur Ausbildung als Aide-directrice gehörte, wie gesagt, ein an den Kurs anschliessender Stage. Diese Praktikumsstelle wurde einem von der Hotelfachschule vermittelt, und ich bekam meine erste auf dem Mont Pèlerin im Hotel Mon Repos. Heute heisst es «Mirador». Das war damals ein schönes Mittelstandhotel, ein Jugendstilpalast, mit einer herrlichen Aussicht auf das Genfersee- und Montblanc-Gebiet. Ich war dort allein verantwortlich für die Réception und die Kasse. Neben mir vor Ort war ein junger sogenannter Telefonist, der eine Art Concierge-Funktion ausübte. Der Dienst begann für uns beide um sieben Uhr morgens, am Nachmittag hatten wir einer nach dem andern zwei Stunden Zimmerstunde und am Abend wechselten wir uns ab, einmal ging ich bereits um neun und er blieb bis um zehn oder elf, und umgekehrt. Das funktionierte am Anfang der Saison noch gut.

Eine meiner Aufgaben war die Führung des Main-courante-Buches. Pro Tag gab es eine Tabelle, darin für jeden Gast eine Zeile und für jede Konsumation eine Spalte. In den ersten Wochen machte ich die Abrechnung des Tages immer am nächsten Morgen. Als sich das Hotel jedoch zusehends füllte, wurde ich dazu verdonnert, die Main courante jede Nacht abzuschliessen. Das war in der Hotellerie eigentlich die Regel. Die Folge davon war, dass ich am Abend warten musste, bis der letzte Bon aus dem Restaurant abgegeben worden war. Von Hand trug ich die Beträge der Bons einerseits in die Hotelrechnung des jeweiligen Gastes und anderseits ins Main-courante-Buch ein. Die Summe der Rechnungen eines Gastes musste mit der Summe auf der waagrechten Linie desselben Gastes im Buch übereinstimmen. Bis das alles gemacht war, war Mitternacht. Ich addierte die

Summe aller Hotelrechnungen, dann die der einzelnen Spalten und zuletzt das Total aller Spalten. Die Summe der Hotelrechnungen und die der Spalten mussten sich wiederum decken, was natürlich höchst selten der Fall war. Da war es schon ein Uhr. Nun fing ich an, den Fehler zu suchen, und bis ich ihn gefunden hatte, war es schon halb zwei oder zwei. Endlich konnte ich ins Bett, um um sieben Uhr wieder an der Réception zu stehen. In der Hochsaison, wenn das Hotel voll war, ungefähr zehn Wochen lang, hatten wir zudem nie mehr frei. Da mussten wir in der Zimmerstunde schlafen, damit wir annähernd genug Erholung bekamen.

Mein Lohn betrug hundertzwanzig Franken im Monat, neben Kost und Logis. Am Anfang wohnte ich im schlechtesten Gästezimmer, das war recht anständig. Es war ausserdem eine andere Praktikantin aus der Hotelfachschule im «Mon Repos», die Lilly Mondet, die machte das Hauswirtschaftspraktikum. Mit ihr teilte ich die ersten zwei Monate dieses Zimmer. Als aber die Hochsaison begann, hiess es: «Raus aus dem Zimmer, das brauchen wir!» Und wir wohnten für die nächsten drei Monate auf dem Estrich. So war das damals mit den Angestellten.

Als Kassierin trug ich die Verantwortung für meine Kasse und haftete für allfällige Fehlbeträge. Einmal musste ich siebzig Franken einlegen, von meinen hundertzwanzig Franken Lohn. Etwas Ähnliches passierte meinem Direktor, das war auch so ein armer Siech, der den ganzen Tag schuftete. Ich glaube, der verdiente tausend Franken im Monat für sich und seine Frau, die ebenfalls Vollzeit im Hotel arbeitete. Dann fehlten einmal mehrere Hundert Franken, ein Riesentheater. Und der Direktor musste sie ersetzen.

Das Personalessen im Hotel Mon Repos, den Begriff Mitarbeiter kannte man damals noch nicht, war eine Katastrophe. Das unterbot alles, was ich kannte. Die Lilly und ich gehörten zum Kader und assen an einem kleinen Guéridon im Speisesaal um elf Uhr mittags und um sechs Uhr abends, bevor die Gäste kamen. Trotzdem bekamen wir die miesesten Sachen aufgetischt, nur aufgewärmtes Zeug. Die Reste bekam das Personal nicht etwa am nächsten Tag, sondern erst ein paar Tage später. Wenn man sich sicher war, dass man es den Gästen wirklich nicht mehr servieren konnte. Oder man mischte alle «Parure», also das, was vom Fleisch weggeschnitten wurde, Fett, Sehnen und so weiter, in eine dicke, fettige Sauce und tischte es uns auf. Zusammen mit alten, aufgewärmten Kartoffeln, die hatten diesen schrecklichen Goût.

Einmal machte ich alleine einen Ausflug nach Vevey. Irgendwo einzukehren konnte ich mir nicht leisten, und als ich zurück auf dem Mont-Pèlerin war, hatte ich einen Bärenhunger. Im Mut der Verzweiflung schlich ich ins «Office», das ist die Schnittstelle zwischen Küche und Restaurant, und sah, dass keine Gäste mehr im Speisesaal sassen und das Office ebenfalls leer war. Ich riss den «Pass» auf und rief in die Küche runter: «Einmal Supplément Fleisch, Gemüse und Kartoffeln!», und wartete, was passierte. Und siehe da, kurze Zeit später kam eine schön angerichtete Silberplatte mit Kalbslebern, grünen Bohnen und Kartoffeln, sehr appetitlich. Ich schnappte mir unseren Guéridon, setzte mich in den Speisesaal und fing an zu essen. Aber just in diesem Moment kam der Direktor herein. Mir fiel das Herz in die Hosen, und ich fragte mich, was er jetzt wohl machen würde. Er nahm sich einen Stuhl, setzte sich mir gegenüber und fragte: «Vous désirez quelque chose à boire?», und bestellte mir irgendein Wässerchen. Als die Lilly und ich am nächsten Tag beim Mittagessen sassen, kam er, um zu schauen, was wir auf unseren Tellern hatten. Er nahm sie vom Tisch, schickte sie zurück in die Küche und bestellte irgendetwas anders. Von da an war das Essen besser. Das heisst, es war wenigstens einigermassen geniessbar.

Ich hatte beschlossen, neben dem Administrations- auch ein Hauswirtschaftspraktikum zu absolvieren, und bekam eine Stelle im Hotel Bellevue in Engelberg. Nachdem mein Stage auf dem Mont-Pèlerin beendet war, kehrte ich im Oktober nach Basel zu meinen Eltern zurück und blieb bis zu meinem nächsten Stellenantritt dort.

Der Hans hatte in der Zwischenzeit sein Küchenstage im «Ermitage» in Küsnacht absolviert und wollte nach Amerika auswandern. Er hatte einen reichen Amerikaner kennengelernt, der ihn als seinen Privatsekretär engagierte. Ich war todtraurig und dachte, ich sähe den Hans nie mehr. Es dauerte aber nicht lange, und er war wieder zurück. Es hatte Probleme mit dem Visum gegeben.

Bald fand er für den Winter eine Stelle im Hotel Flüela in Davos. Diese musste er erst ein paar Tage nach mir beginnen, und er begleitete mich am Tag meines Arbeitsantritts bis nach Luzern. Ich kam abends in Engelberg an, das Hotel war noch geschlossen.

Irgendeine Sekretärin nahm mich in Empfang und zeigte mir mein Zimmer, das lag einmal mehr auf dem Estrich, der gleichzeitig als Möbellager diente. Dort standen drei Betten. Eines davon war meines, in dem zweiten schlief eine andere Angestellte. Das dritte Bett war leer, aber als das Hotel an Silvester ausgebucht war, wurde es doch tatsächlich an einen Gast vermietet! Das kann man heute ja gar nicht mehr glauben. Einmal pro Woche durften wir Angestellten ein Bad im Etagenbad nehmen. Und das Personalessen war hier ganz passabel, auf jeden Fall besser als an vielen anderen Orten.

Das Hotel Bellevue gehörte zwei Brüdern, die waren schon über siebzig. Der ältere war Chef über das Hotel, der jüngere leitete das Passantenrestaurant inklusive Küche. Dort wurde auch für das Hotel gekocht. Die Hälfte des Tages stand ich im Office. Die Frau des älteren Bruders war meine direkte Vorgesetzte und fast ständig mit mir zusammen. Sie kommandierte mich von morgens bis abends rum.

Bei jedem Service stand ich am Pass, also am Lift zwischen Küche und Office, und lud die vollen Platten, die aus der Küche kamen, aus und die leeren Platten wieder ein. Dieser Pass hatte keine Türen, funktionierte mit Wasserdruck und war nur von der Küche her bedienbar. Eigentlich hätten die unten jeweils «Achtung!» rufen sollen, wenn sie etwas losschickten, aber das machten sie oft nicht. Drückten einfach auf den Knopf und der Pass fuhr los. Plötzlich setzte er sich in Bewegung, während ich am Ein- oder Ausladen war. Natürlich liess ich dann alles fallen. Das war recht gefährlich, ich konnte von Glück reden, dass ich mir die Arme nicht verletzte. Mit einem Getöse und Geschepper donnerten die Platten auf den Boden, und oben wie unten verwarfen die Chefs die Hände und schrien herum.

Eine weitere meiner Aufgaben war die Getränkeausgabe beim Frühstück. Das typische Hotelfrühstück bestand zu dieser Zeit aus drei Butterröllchen, einem Gipfeli, einem Weggli und einem Ballon sowie einem Dreieckskäsli und etwas Konfitüre. Das wars. Und natürlich Kaffee. Jeden Morgen bereitete ich mindestens fünf bis zehn Liter Kaffee zu. Das gleiche Quantum an Milch wärmte ich in einem Milchkocher auf. Jedem Gast wurden ein Silberkännchen mit Kaffee und eines mit Milch serviert. Die Inhalte aller Kännchen, die zurückkamen, wurden in einem grossen Krug zusammengeschüttet, Kaffee und Milch gemischt. Das bekam das Personal am nächsten Morgen zum Frühstück.

Nach dem Frühstücksservice ging ich zusammen mit der Chefin in den Keller, wo das «Economat» lag, das Warenlager. Der Küchenchef musste alles, was er benötigte, bei ihr bestellen, zum Beispiel fünf Kilogramm Zucker, vier Liter Öl und so weiter. Sie wog alles ab und sagte jedes Mal: «Ja, der hat wohl ein bisschen zu viel bestellt», und zog überall ein oder zwei Kilo ab. Das wusste der Küchenchef natürlich längst und bestellte einfach etwas mehr. Am Nachmittag hatte jeweils ich zuerst Zimmerstunde, und wenn ich um vier Uhr zurück war, ging die Chefin in ihre Pause. Nun gab sie mir den Schlüssel fürs Economat, die Köche kamen mit ihren Bestellungen zu mir, und ich gab alles heraus, was immer sie wollten. Das war kein Problem, denn die Chefin hatte absolut keine Ahnung, was sich in ihrem Lager befand. Im Gegenzug schenkten mir die Köche immer wieder ein Dessert oder sonst etwas Feines.

...

Ich beendete mein Stage Anfang März, der Hans blieb noch bis nach Ostern, bis zum Ende der Saison, in Davos im Hotel Flüela. Wir beschlossen, unsere nächsten Stellen am selben Ort zu suchen, nämlich in Zürich. Der Hans war bis jetzt nur in der Luxushotellerie tätig gewesen. Das Servicepraktikum hatte er im «Schweizerhof» in Luzern, das Réceptionspraktikum im «Schweizerhof» in Bern und das Küchenpraktikum im Restaurant Ermitage in Küsnacht/Zürich gemacht. Und auch das «Flüela» in Davos war ein Fünfsternehaus. Jetzt hingegen wollte er in Zürich ins Hotel St. Gotthard an der Bahnhofstrasse. Das war ein Stadthotel und gehörte nicht in die Luxuskategorie. Aber es hatte die erste Buchungsmaschine der Schweiz, die ersetzte die aufwändige Main courante. Für den Hans war klar, dass er sich an der Réception weiterbilden wollte, und dass ihn die Luxushotellerie reizte, das ebenso. Nur weil er diese Buchungsmaschine kennenlernen wollte, bewarb er sich also im Hotel St. Gotthard, und er bekam die Stelle.

Ich fand eine Anstellung als Réceptionistin im Hotel Neues Schloss, das lag in der Nähe des Kongresshauses. Der Besitzer betätigte sich gleichzeitig als Direktor und seine Frau war Chefgouvernante. An der Réception arbeitete ich zusammen mit zwei

Damen, den eigentlichen Gästeempfang jedoch machte der Concierge. Der hockte seit Jahrzehnten an der Theke, kannte jeden Gast und managte die Réception. Ich war verantwortlich für die Korrespondenz, die Main courante und den Telefondienst. Es gab nicht allzu viel zu tun. Mein Verdienst betrug dreihundert Franken pro Monat mit Kost und Logis, was ein klitzekleines Zimmer mit Klappbett bedeutete. Natürlich durfte man im Hotel keinen Besuch empfangen, aber das wäre in dieser Kammer auch gar nicht möglich gewesen. Die Arbeitszeiten waren sehr regelmässig: Ich hatte immer am Montag oder Dienstag frei, jeden Tag Frühschicht und von zwei bis vier Zimmerstunde. Der Hans hatte am Sonntag frei, jeweils Spätdienst und Zimmerstunde von vier bis sechs. Wir hatten kaum eine gemeinsame Freistunde. Der Hans konnte am Montag oder Dienstag auf meine Zimmerstunde warten und ich am Sonntag auf seine. Sonst sahen wir uns nur nach Feierabend, und der begann beim Hans in der Regel um Mitternacht. Wir waren also eigentlich wieder nicht zusammen.

Der Hans wohnte zu Hause bei seinen Eltern am Schneeglöggliweg, in der Nähe des Letzigrunds. Sie besassen ein Reihenhäuschen, das sie in den Dreissigerjahren für 30'000 Franken gekauft hatten. Kaum sassen wir abends einmal im Zimmerli vom Hans, sagte die Mutter zu ihm: «Das kommt mir dann nicht mehr vor, dass du mit dem Fräulein Liniger in deinem Zimmer unten sitzt.»

Das war kein Zustand, und ich versuchte, ausserhalb des Hotels eine Unterkunft zu mieten. Es waren vor allem ältere, alleinstehende Damen, die sogenannte Zimmerherren oder Zimmerdamen aufnahmen. Ein Zimmer kostete damals schon hundertachzig

Franken, wo ich gerade dreihundert verdiente. Zum Schluss sagten die Damen jeweils: «Aber gellen Sie, Fräulein, Herrenbesuch kommt bei mir nicht in Frage!» So blieb ich halt in meinem Zimmerchen im Hotel.

Der Hans kaufte sich schon bald eine Lambretta, ein altes Klappergestell. Sie war knallrot und man musste sie mit einer Schnur von Hand anlassen. Mit dieser Lambretta fuhren wir fröhlich in Zürich herum. Wir fingen an, Ausflüge in die Umgebung zu machen in den wenigen Stunden, die wir gemeinsam hatten. Mit der Zeit fanden wir heraus, dass überall in der Gegend Vorstadtbälle durchgeführt wurden. Da konnte man am Samstagabend hingehen! Um Mitternacht holte ich den Hans im St. Gotthard ab, und wir fuhren mit der Lambretta irgendwo aufs Land. Bis um vier Uhr morgens feierten wir, dann mussten wir wieder zurück, ich in mein Hotel und der Hans zu seinen Eltern. Oder wir gingen in öffentliche Parks. Am See gab es viele schöne Anlagen mit Bänkchen. Aber diese Bänkchen waren meistens schon besetzt, es war echt schwierig, ein freies zu finden.

Im Gegensatz zu den Vorstadtbällen und Anlässen ausserhalb Zürichs, die bis in die Morgenstunden dauerten, konnte man in Zürich selber nach Mitternacht nirgendwo mehr einkehren. Zürich war beherrscht vom Zürcher Frauenverein, der war berühmt-berüchtigt für die sittliche Ordnung, die er in der Stadt aufrecht hielt. Er war irgendwann um die Jahrhundertwende gegründet worden. Die Frauen betrieben vor allem günstige alkoholfreie Restaurants und Kaffeestuben. Und dieser Frauenverein wehrte sich jahrzehntelang dagegen, dass es in Zürich Lokale gab, die länger als bis um Mitternacht geöffnet hatten. In dem Sommer, in dem der Hans und ich in Zürich wohnten, gab es allerdings einen Pilotversuch. Es war drei Bars erlaubt, bis um zwei Uhr geöffnet zu haben. Das muss man sich vorstellen, drei Lokale für ganz Zürich. Die Leute standen Schlange, um überhaupt reinzukommen. Nach einem Jahr oder zwei wurde der Versuch wieder abgebrochen mit der Begründung, man habe ja gesehen, dass es Schwierigkeiten gäbe, und man konnte wieder nur bis Mitternacht ausgehen.

Parkbänke sind ganz gemütlich, solange es warm ist. Aber dann kam der Herbst. Es wurde kälter und das Wetter schlechter. Wir brauchten eine Veränderung. Eigentlich mussten wir heiraten, weil der Winter kam.

...

Den Beschluss zu heiraten fassten wir im Herbst 1954. Eine Hochzeit war damals die einzige Option für eine gemeinsame Zukunft. Nicht wie heute, wo man sich das halbe Leben lang überlegt, ob es denn auch der Richtige sei. Es begann eine spannende Zeit. Nicht nur die Hochzeit, unser ganzes neues Leben musste geplant werden.

Es war klar, dass wir nicht in Zürich bleiben wollten. Wir fingen sofort an, eine Stelle zu suchen, und fanden beide eine im Hotel Reber au Lac in Locarno, der Hans als Chef de Réception und ich als Gouvernante. Das «Reber» war ein Familienhotel, gehörte der Familie Reber und wurde gleichzeitig von dieser geführt. Arbeitsbeginn war eigentlich für uns beide der 1. März 1955. Doch die Rebers schenkten uns grosszügigerweise zehn zusätzliche Tage, damit wir auf Hochzeitsreise gehen konnten. Im Hinblick auf diesen 10. März legten wir unsere Hochzeit auf den 24. Februar 1955 fest, und ich kündete meine Stelle im Hotel Neues Schloss.

Für unsere Trauung hatten wir die kleine St.-Jakobs-Kirche in Basel ausgewählt. In dieser historischen Kirche in St. Jakob an der Birs war ich schon konfirmiert und der Andresli getauft worden, ein wunderschönes Kirchli. Das Hochzeitsessen fand im Restaurant Schützenhaus statt, ein gediegenes Haus mit einem wunderbaren antiken Saal. Für mein Kleid ging ich zur Schneiderin der Mamme, zur Couture Ami. Es kostete fünfhundert Franken, für damalige Verhältnisse ein Vermögen, und gefiel mir nicht einmal. Gott sei Dank bezahlte der Pappe für alles. Trauzeugen waren unsere Freunde von der Hotelfachschule, die Ariane Sarasin und der Ricardo Fiorentino aus Napoli, die zu diesem Zeitpunkt aber bereits nicht mehr zusammen waren.

Am Morgen des 24. Februar war das Wetter ganz schlecht. Es regnete, doch langsam liess der Regen nach, und als wir nach der Trauung aus der Kirche kamen, strahlte die Sonne an einem wolkenlosen Himmel. So, wie man es sich zu seiner Hochzeit nur wünschen konnte.

Die Hochzeitsreise ging nach Italien. Die Mamme hatte uns ihr Auto geliehen. Mit achtzig, höchstens vielleicht neunzig Kilometern pro Stunde tuckerten wir auf den alten Strassen gen Süden. Zuerst einmal bis Locarno, wo wir die Rebers und das Hotel kennenlernten und unser Gepäck deponierten. Am zweiten Tag fuhren wir Richtung Mailand, danach weiter Florenz entgegen, wo meine Freundin Ariane Sarasin jetzt wohnte. Mit ihr und ihrem neuen Freund Cesare hatten wir uns zum Abendessen verabredet.

In Modena machten wir einen Zwischenhalt, um zu Mittag zu essen, sehr gemütlich, mitten im Stadtzentrum. Nach dem Essen sagte der Hans: «Jetzt kannst du fahren. Ich habe Wein getrunken, ich mache ein Mittagsschläfchen.» Ich setzte mich ans Steuer und fuhr aus Modena raus. Bald schon kam eine Ausfallstrasse. Es hatte nicht sonderlich viel Verkehr. Von rechts kam ein Velofahrer, ich sah ihn, bremste und er bog nach rechts ab. Ich gab wieder Gas, und plötzlich bog der Velofahrer wiederum links ab und fuhr direkt in uns rein. Oder wir in ihn. Er schlug mit der Schulter am Auto auf, fiel um und prallte mit dem Kopf auf den Asphalt. Ich hielt sofort an, völlig entsetzt, und wir stiegen aus. Der Mann lag auf dem Boden und war bewusstlos. Leute rannten herbei, die Polizei kam, der Mann wurde weggebracht. Wir mussten auf den Polizeiposten und wurden verhört. Ich war völlig durcheinander: Ich hatte einen Menschen angefahren! Gott sei Dank war der Hans bei mir. Nach mehreren Stunden liess uns die Polizei weiterfahren. Über den Zustand des Mannes konnte man uns nichts sagen.

Erst sehr viel später, ungefähr im November, bekam ich Post aus Modena, vom Gericht. Und erst da erfuhr ich, dass der Velofahrer tot war. Das war ein schlimmer Schock, damit hatte ich nicht gerechnet. Ich hatte geglaubt, es sei nicht so schlimm gewesen, dass der Mann zwar ohnmächtig gewesen sei, sich aber wieder erholen würde. Zumindest hatte ich das gehofft. Ich musste nach Modena vor Gericht, wurde jedoch aus Mangel an Beweisen freigesprochen. Aber schuldig fühle ich mich bis heute.

Das war ein böser Auftakt für unsere Hochzeitsreise. Doch damals, an jenem Tag, kannte ich das tragische Ende glücklicherweise noch nicht. Der Hans setzte sich wieder ans Steuer, ich war nicht mehr in der Lage zu fahren. Es war bereits sechs Uhr und wurde langsam dunkel, es war ja Februar. Wir hatten keine Ahnung, was wir vor uns hatten, dass wir jetzt über den Futapass in den Apennin fahren mussten und dass das ein unendlich langer Pass war. Bald kam Nebel auf. Stundenlang fuhren wir praktisch ohne Sicht die Futapassstrasse hinauf und wieder hinunter, völlig einsam, es hatte kaum Verkehr. Wir hatten uns eigentlich um sieben Uhr in Florenz verabredet, um neun waren wir immer noch unterwegs. Kurz vor zehn Uhr kamen wir endlich in Florenz an, völlig vergelstert, und trafen die Ariane und den Cesare zum Nachtessen. Der Cesare nahm uns in seinem Auto mit und raste in einem Affentempo durch die engen Florentiner Strassen, was unseren Schock nochmals verschlimmerte.

Wir fuhren dann weiter bis nach Rom, wo wir ein paar Tage blieben. Eigentlich wollten wir nicht tiefer in den Süden, auf den alten Strassen war es schon bis Rom eine lange Fahrt gewesen. Aber unser Freund Ricardo aus Napoli beteuerte uns am Telefon immer wieder: «Um Himmels Willen, kommt, kommt! Von Rom ist es nicht mehr weit, höchstens zwei Stunden. Die Strassen sind gut, sie sind einigermassen gerade, hier hat es keine Berge mehr.» So fuhren wir nach Neapel, was damals eine typische Honeymoon-Destination war, und genossen es dort, in diesem luxuriösen Hotel, dem Hotel Vesuvio, das der Familie vom Ricardo gehörte. Wir machten verschiedene Ausflüge, zum Beispiel nach Capri, und amüsierten uns grossartig. Trotz allem.

...

Das Hotel Reber war ein schönes, renommiertes Familienhotel. Ziemlich gross, mit einer guten Klientel und vielen langjährigen Stammkunden. Es war das einzige Hotel in Locarno, das direkt am See lag, und es hatte einen schönen Garten und ein eigenes kleines Strandbad. Der Hans war dort Chef de Réception, seine erste Position als «Chef». Die Frau Reber war die treibende Kraft im Haus und hielt die Fäden in der Hand. Wir mieteten ein Studio in Minusio, zu Fuss etwa zwanzig Minuten vom «Reber» entfernt, zuunterst in einem Mehrfamilienhaus am Hang, eigentlich im Kellergeschoss. Nach vorne hatte es Fenster und einen ganz schönen Raum, nach hinten, in den Berg hinein, befanden sich eine Dusche und eine Kochnische. Das war vielleicht feucht. Das Zimmer hingegen war wirklich in Ordnung, und wir richteten uns dort mit Enthusiasmus ein.

Mit unserer Lambretta fuhren wir jeden Tag von Minusio nach Locarno zur Arbeit. Ich war im «Reber» als Gouvernante eingestellt worden. Meine Vorgängerin, die schon seit Jahren dort war und die Etage absolut im Griff hatte, hatte gekündigt. Auf der Hotelfachschule hatte ich in der theoretischen Ausbildung gelernt, was die Anstellung als Etagengouvernante beinhaltete. Man ging davon aus, dass die Frau des Direktors als Aide-directrice die Hauswirtschaft unter sich hatte. Die Aufgaben auf der Etage, wie beispielsweise das Zimmermachen, waren uns beigebracht worden. Aber wie gesagt, rein theoretisch. Praktisch hatte ich keinen Dunst.

Das Hotel Reber hatte vier Etagen und vier Zimmermädchen. Alle waren schon seit Jahren oder gar Jahrzehnten dort und beherrschten ihre Arbeit tadellos. Und die bekamen jetzt mich junges Ding als Vorgesetzte. Jedes Zimmermädchen war für ein Stockwerk verantwortlich. Wie üblich war das Hotel am Anfang der Saison eher leer und jede der vier Frauen konnte einen Tag pro Woche frei nehmen. An vier von sieben Tagen machten folglich drei Zimmermädchen zuerst ihre Zimmer, um sich danach gemeinsam um die Etage der vierten, die frei hatte, zu kümmern. Das ging so lange, bis die Hochsaison anfing, danach gab es keinen Freitag mehr oder höchstens noch einen halben. Denn es war schier unmöglich, dass ein Zimmermädchen, wenn ihre Etage voll besetzt war, zusätzliche Zimmer machen konnte. Das hiess natürlich, dass nie jemand krank sein durfte. Wenn das in der Hochsaison der Fall war, hatten die anderen vielleicht einen Krampf. Einen Tag hielten sie das knapp durch, aber am zweiten wurde es schon recht ungemütlich. Wenn die Kranke am dritten Tag immer noch nicht wiederkam, wurde sie praktisch gelyncht von ihren Kolleginnen. Egal wie schlecht es ihr ging, am dritten Tag stand sie folglich wieder da.

Ich hingegen wusste oft nicht, was ich da oben machen sollte. Die Zimmermädchen erledigten ihre Arbeit perfekt, ich suchte verzweifelt etwas, das ich hätte kritisieren können. Mir wurde dann auch unter die Nase gerieben, dass meine Vorgängerin ebenfalls gearbeitet hätte und nicht nur so blöd herumgestanden sei wie ich. Es dauerte glücklicherweise nicht sehr lange, und auch ich hatte gelernt, wie man Zimmer macht.

Wir hatten immer, ausser in der absoluten Hochsaison, einen Tag frei pro Woche. An diesen Tagen erkundeten wir mit der Lambretta das Tessin. Sämtliche Täler, die sich rechts und links von Locarno, also vom Sopraceneri, befinden, sind mir heute nach wie vor intensiv in Erinnerung. Zum Beispiel das Verzascatal, das enorm steil ist und damals, ausser ganz zuunterst, vollständig authentisch, urchig war. Oder das Val Bavona, das ist heute nach wie vor relativ wenig bekannt. Ein ganz wildes Tal mit einem herrlich schönen Wasserfall. Oft fuhren wir auch nach Varese, das war damals ein Zentrum der Schuhproduktion und liegt ziemlich nahe bei Locarno, allerdings bereits in Italien. Oder nach Luino auf den Markt. Einmal fuhren wir sogar bis nach Mailand, dort blieben wir über Nacht. Es wäre zu weit gewesen, an einem Tag hin- und wieder zurückzufahren.

Während meiner Zeit in Zürich hatte ich den Bruder vom Hans, den Max, besser kennengelernt. Er und der Hans hatten schon immer eine enge Beziehung, und wir hatten viel mit ihm und seiner Freundin Brigit unternommen. Mit ihr verstand ich mich ebenfalls sehr gut. Wir besuchten zum Beispiel zu viert das allererste «Züri Fäscht» überhaupt. In unserem ersten Sommer im Tessin statteten sie uns einen Besuch ab. Unser Concierge hatte eine Vespa, und die lieh er dem Max. Wir fuhren zu viert nach Stresa und auf die Brissago-Inseln und bestaunten da den wunderschönen botanischen Park mit seinen seltenen Pflanzen.

...

Im Spätsommer entdeckte der Hans ein Inserat mit dem Inhalt, dass in Nairobi, Kenia, ein Vizedirektor für das Norfolk Hotel, ein renommiertes, altes Haus, gesucht werde. Das war damals ganz aussergewöhnlich. Es gingen zwar schon vor dem Ersten Weltkrieg Schweizer Hoteliers ins Ausland, aber mitten ins tiefe Afrika, das war neu. Der Hans interessierte sich für die Stelle und traf sich mit dem Herrn Bon, der das Inserat veröffentlich hatte. Der schwärmte ihm von Nairobi vor, was für eine tolle Stadt das sei, etwa auf tausendfünfhundert Metern, mit einem perfekten Klima und so weiter. Nach langem Hin und Her beschlossen wir, dass der Hans das machen solle. Wir schlossen die Saison im «Reber» noch ab, bis Ende Oktober blieben wir in Locarno. Die Saison im Tessin dauerte immer etwas länger als in der Nordschweiz.

Auf Januar sollte der Hans seine neue Stelle in Nairobi antreten. Das bedurfte intensiver Vorbereitungen. Wir zogen zu meinen Eltern nach Basel. Sie hatten seit einigen Jahren ein grosses, neues Haus, wo wir bequem wohnen konnten. Es hatte viel Platz und ein Dienstmädchen, das alle Arbeiten im Haushalt erledigte.

Das Problem war, dass über Nairobi wenig bekannt war und man sich kaum Informationen beschaffen konnte. Der Hans wusste nur, dass er fünfzig kenianische Pfund im Monat verdienen würde, nicht aber, wie viel das war und wie weit das reichen würde. Er war obendrein nicht recht darüber in Kenntnis gesetzt worden, was sein Aufgabenbereich beinhalten sollte. Er wusste nur: Soundso heisst der Direktor und ich bin der Vizedirektor.

Am 1. Januar brach der Hans auf. Der Abschied war tränenreich. Die Idee war, dass er erst mal alleine nach Nairobi reisen solle, um auszukundschaften, ob eine Zukunft für uns dort in Frage käme. Gott sei Dank machten wir das so. Es ging nämlich nicht lange, und schon kamen die ersten ernüchternden Briefe. Seine Aufgaben bestünden vor allem darin, die «Neger» dort – das sagte man damals noch – für den Service und sämtliche Arbeiten im Hotel anzuwerben und auszubilden. Am ersten Tag seien viele Interessenten gekommen, am zweiten Tag nur noch die Hälfte und am dritten Tag sei keiner mehr aufgetaucht. Dann musste sich der Hans auf die Suche nach neuen potenziellen Angestellten machen, und die Geschichte ging von vorne los. Eine frustrierende Arbeit. Ausserdem war seine Bezahlung, das hatte er jetzt herausgefunden, unangemessen tief. Es reichte nirgendwohin, wider Erwarten war in Nairobi alles teuer. Das Hotel war anscheinend sehr schön und hatte sich auch schon einen Namen gemacht, aber eine Zukunft könne er sich dort nicht vorstellen. Vor allem nicht mit Familie.

Anfang März war der Hans zurück in der Schweiz. Unterdessen hatte ich schon die Frau Reber angerufen und sie gefragt, ob unsere Stellen noch frei seien, was Gott sei Dank der Fall war.

Das «Reber» war ein gepflegtes und gut unterhaltenes Haus, doch die meisten Hotelzimmer waren völlig antiquiert. Sie hatten noch alte Parkettböden, die der Portier jeweils spänen, wichsen und blochen musste, und waren mit einer Waschkommode und Nachttischen mit Nachthafen ausgestattet. Es gab tatsächlich Gäste, die benutzten die nach wie vor. Und die Zimmermädchen mussten sie leeren, ziemlich demütigend. Ein paar wenige Zimmer waren schon renoviert und um ein Privatbad erweitert worden. Obwohl Zimmer ohne Bäder normal waren. Aber jetzt kam ein neuer Stil in Mode und fand langsam Einzug in die Hotellerie. Die Frau Reber hatte beschlossen, einen Schritt zu wagen, und sanierte in jenem Winter, in dem wir weg waren, die ersten vier Zimmer. Bäder nach damaligem Standard wurden eingebaut, neue Möbel und Vorhänge gekauft und überall Spannteppich verlegt, absolut avantgardistisch.

Natürlich wurde der Umbau nicht rechtzeitig fertig. Für Ostern war das Hotel ausgebucht, aber es war klar, dass die neuen Zimmer nicht bereit sein würden. Der Hans fing an, Umteilungen vorzunehmen, versuchte, alle unterzubringen. Am Gründonnerstag kamen die ersten Gäste an, die explizit ein neues Zimmer gebucht hatten, und der Hans war gezwungen, sie in ein anderes Zimmer einzuquartieren. Er vertröstete sie, eine Nacht nur müssten sie halt in einem alten Zimmer wohnen. Am nächsten Tag waren zwei der neuen Zimmer endlich einigermassen fertig, aber natürlich erst abends um sieben. Endlich konnten die Gäste umziehen, und die anderen Zimmer mussten schleunigst geputzt werden, weil die ebenfalls schon wieder reserviert und die Gäste bereits angekommen waren. Der Hans hielt sie bis nach dem Nachtessen hin und wir schufteten auf der Etage, um es halbwegs hinzubekommen. Und am nächsten Tag nochmals derselbe «Türk» mit den zwei anderen neuen Zimmern. Das war ein Ding! Hier bekam ich einen ersten Eindruck davon, wie es ist, Zimmerrenovationen während der Zwischensaison durchzuführen.

Mutter sein

Eines Morgens während der Arbeit wurde mir schlecht. Ich zog mich in ein Gästezimmer zurück, legte mich auf das Sofa und wusste: Jetzt bin ich schwanger. Ich blieb lange liegen, einfach nur, um diesem neuen, seltsamen Gefühl nachzuspüren.

Geplant war die Schwangerschaft nicht. Wir waren so unorganisiert, alles in unserem Leben war provisorisch, sogar unsere Stellen hatten wir nur bis zum Ende der Saison auf sicher. «Wie wird das wohl gehen?», fragte ich mich. Es ging ganz gut. Ich arbeitete noch den ganzen Sommer. An Übelkeit litt ich nur am Anfang, die ersten zwei oder drei Monate, danach fühlte ich mich besser. Mein Bauch war auch nicht besonders dick, es dauerte einige Zeit, bis es die Leute überhaupt bemerkten.

Anfang Oktober kehrte ich nach Basel zurück. Geburtstermin war der 30. Dezember. Bis am 26. Dezember wollten wir in Basel bleiben, danach hatten meine Eltern geplant, nach Grindelwald in die Skiferien zu reisen. Auf ihre Skiferien konnten sie auf keinen Fall verzichten. Wir beabsichtigten also, nach Weihnachten nach Zürich zu fahren und dort am Schneeglöggliweg bei meinen Schwiegereltern auf die Geburt zu warten. Doch dann bekam der Hans sehr kurzfristig ein Angebot als Vizedirektor für eine Saison im Kulm Hotel in St. Moritz. Wir betrachteten das als eine grosse Chance und entschieden, dass er diese Möglichkeit ergreifen sollte. Einerseits bedeutete diese Stelle einen wichtigen und grossen Karriereschritt, und anderseits konnte er dort viel lernen. Das Kulm Hotel St. Moritz war eines der grossen Luxushotels der Schweiz. Als Vizedirektor würde er vor allem das Backoffice unter sich haben, also Personalwesen und Administration, einen Bereich, in dem er bisher wenig Erfahrung hatte sammeln können.

Der Hans reiste im November Richtung St. Moritz ab, und ich blieb in Basel bei meinen Eltern. Nach wie vor mit der Vorstellung, nach Weihnachten zu den Eltern vom Hans an den Schneeglöggliweg zu ziehen. Am Morgen des 20. Dezember jedoch wurde ich früh von einem komischen Druck im Bauch geweckt: «Oh Gott, jetzt fängt die Geburt schon an!», dachte ich und eilte in den unteren Stock zum Zimmer meiner Eltern. Ich öffnete ihre Schlafzimmertür, was ich bis anhin in meinem Leben noch nie gewagt hatte, zumindest nicht, wenn der Pappe drin war, und rief: «Es geht los!» Etwa eine Stunde später brachen wir nach Zürich auf, der Pappe, die Mamme, die Muggi und ich.

Ich war in der «Sanitas» angemeldet, einer hässlichen alten Klinik, weil mein Frauenarzt dort Belegarzt war. Sie untersuchten mich und stellten fest, dass die Geburt noch gar nicht begonnen hatte. Meine Eltern fuhren mit der Muggi wieder zurück. Am nächsten Tag kam die Frieda Leu, das Mueti vom Hans, zu Besuch, und wir machten zusammen einen langen Spaziergang an der Sihl. Plötzlich setzten die Wehen ein, aber wirklich los ging es erst um etwa drei Uhr morgens. Nach dieser ewig langen Eröffnungsphase von fast achtundvierzig Stunden brachte ich die Geburt in einer Stunde hinter mich, und unsere liebe Martina erblickte am 22. Dezember 1956 um fünf Uhr morgens das Licht der Welt. Ich freute mich wahnsinnig.

Eigentlich hätte ich nach gut zehn Tagen entlassen werden sollen, aber ich bekam rasende Schmerzen in der Brust. Der Arzt diagnostizierte eine Brustentzündung, und ich musste bleiben. Weihnachten war vorbei, es waren Ferien, und das Spital funktionierte nur noch auf Sparflamme. Der Arzt verabschiedete sich für vier Tage, die Schwestern kamen nur noch halb so oft. Aufgrund meiner Brustentzündung brachten sie mir die Martina nicht einmal mehr zum Stillen, sie behielten sie im Babyzimmer. Die Milch musste ich abpumpen, aber die gaben sie der Martina nicht, die schmissen sie einfach weg. Die Milch sei vielleicht infiziert, sie wüssten ja nicht genau, was ich hätte. Dann ging auch der Max, der mich vorher regelmässig besucht hatte, in die Ferien, und ausser dem Mueti kam niemand mehr vorbei. Nur sie ging nicht weg und kam treu jeden Tag.

Ich fiel in eine Depression. Man warf mir vor, ich hätte einen viel zu dünnen Morgenmantel und würde leichtfertig auf dem kalten Gang herumwandern. Es sei kein Wunder, dass ich eine Entzündung bekommen hätte. Später hörte ich das Gerücht, dass die «Sanitas» berüchtigt dafür sei, dass sich die Frauen dort Infektionen einfingen.

Schliesslich kam der Arzt aus den Ferien zurück und stellte fest, dass das Penicillin, das er mir verschrieben hatte, gar nichts nützte. In der Zwischenzeit war niemand da gewesen, der das hätte merken können. Er gab mir ein anderes Antibiotikum, die Entzündung heilte ganz rasch und ich erholte mich. Sukzessive kamen der Max und alle anderen aus den Ferien zurück. Der Alltag kehrte wieder ein, und mein psychischer Zustand stabilisierte sich. Endlich durfte ich aufstehen, ein wenig herumlaufen. Es zeichnete sich ab, dass ich bald nach Hause konnte.

Der Hans war die ganze Zeit über nicht da. Weder bei der Geburt noch danach war er bei uns. Er konnte während der absoluten Hochsaison über Weihnachten/Neujahr nicht weg aus St. Moritz. Natürlich konnte er nichts dafür, aber für mich war das sehr schlimm. Ich kam mir vor wie eine ledige Mutter, und so wurde ich auch behandelt. Ein uneheliches Kind zu bekommen, das war damals ungefähr die grösste Schmach für eine junge Frau.

Erst am 5. Januar, zwei Wochen nach der Geburt, bekam der Hans ein paar Tage frei. Als er im Spital ankam, gingen wir zusammen zum Babyzimmer. Endlich sah er sein Töchterchen. Am nächsten Morgen durften wir nach Hause. Der Hans holte uns ab, und wir fuhren mit dem Taxi an den Schneeglöggliweg. Dort hatten wir jetzt noch weniger Platz als früher.

Eigentlich hatte ich vor, nach der Abreise vom Hans zurück zu meinen Eltern nach Basel zu fahren, aber die Familie Leu wollte das Buschi noch ein bisschen bei sich haben, und der Hans war derselben Ansicht: «Ich fände es nur fair, wenn du ein wenig länger bei meinen Eltern bleiben würdest, nachdem sie dich so gut betreut haben, vor allem das Mueti.» Das leuchtete mir ein. Meine Eltern waren in Grindelwald in den Ferien gewesen und hätten eigentlich Zeit gehabt, hatten mich jedoch nur ein einziges Mal besucht. Ich stimmte schweren Herzens zu und blieb in Zürich. Der Hans reiste ab nach St. Moritz, und ich hockte wieder tête-à-tête mit meiner Schwiegermutter von früh bis spät in der Einsamkeit. Kein Wunder, dass ich erneut in eine Depression fiel.

Die Schwiegereltern gaben sich enorme Mühe und waren ungeheuer nett. Das Mueti kümmerte sich um das Baby, wann immer sie konnte, und wusch sogar die Windeln. Von Hand, sie hatte keine Waschmaschine, und Pampers gab es damals noch nicht. Der Vati, der Vater vom Hans, und der Max freuten sich ebenfalls sehr über unsere Anwesenheit. Trotzdem fühlte ich mich am Schneeglöggliweg nicht wirklich wohl. Ich war extrem müde und erschöpft und fand nicht genug Erholung, weil ich mich verpflichtet fühlte aufzustehen und dem Mueti im Haushalt zu helfen, wenn die Martina schlief.

Man hatte mir die Milchpumpe mit nach Hause gegeben und erklärt, dass ich die Milch jetzt wieder schöppeln könne, dass sie sicher wieder gut sei. Doch ich wollte wieder stillen. Man hatte mir zwar schon gesagt, dass es schwierig sein würde; dass ein Kind, das einmal aus dem Schoppen getrunken habe, nichts mehr von der Brust wissen wolle, weil Ersteres viel bequemer sei. Aber ich mochte das nicht glauben. Ich versuchte es, und wie vorausgesagt, verschmähte die Martina die Brust. Ich war überzeugt, dass wenn ihr Hunger gross genug werden würde, sie gar keine andere Wahl hätte, als zu trinken, und gab nicht nach. Die

Martina schrie, und das Mueti fing an zu heulen und sagte, ich solle doch den Schoppen holen. Ich weigerte mich. Das Mueti ging hinunter in die Küche, wärmte die Milch, kam zurück, nahm mir das Kind aus dem Arm und gab ihm den Schoppen.

Diese Szene verzieh weder ich ihr noch sie mir. An diesem Tag stempelte sie mich zur Rabenmutter ab. Dieser Vorfall vergiftete das Verhältnis zu meiner Schwiegermutter, und es sollte sich nie mehr ganz erholen. Zweifellos liessen sie dem Hans Rapport zukommen. Aber er sprach mich nicht darauf an, und ich sagte ebenfalls nie etwas. Trotzdem belastete dieses Vorkommnis unsere Ehe, unterschwellig blieb etwas hängen.

Am nächsten Tag taten alle, wie wenn nichts gewesen wäre, ich gab dem Baby den Schoppen. Am Nachmittag ging ich in die Stadt und rief meine Eltern an. Zwei Tage später kamen sie mich abholen, und ich verabschiedete mich recht frostig am Schneeglöggliweg. Ich ging nach Hause nach Basel, wo meine Eltern dieses grosse Haus mit viel Platz hatten, wo ich mich wohl und daheim fühlte und wo es ein Dienstmädchen gab und eine Waschmaschine. Dort konnte ich endlich anfangen, mich zu erholen.

Leider gab es auch in Basel auf die Dauer Frustrationen. Ich hockte ebenfalls ständig allein zu Hause. Während drei Monaten wurde ich abends weder irgendwohin eingeladen noch besuchte mich irgendjemand. Es kam höchstens einmal eine ehemalige Schulfreundin oder eine Bekannte der Mamme am Nachmittag vorbei, um das Buschi zu sehen.

Als der Hans seine Wintersaison beendet hatte, kam er für zwei Wochen nach Basel, bevor wir wieder ins Tessin fuhren. Und siehe da, plötzlich läutete ununterbrochen das Telefon, und alle wollten uns einladen. Wir hatten kaum mehr Zeit für uns, weil wir jeden Abend bei jemandem zu Besuch waren. Wir waren total begehrt. Dieses Phänomen begleitete mich leider fast ein Leben lang. Ich hatte gehofft, dass sich das mit der Ehe ändern würde, aber da täuschte ich mich: Als Frau zählst du nur etwas in Begleitung eines Mannes, alleine bist du uninteressant. Zumindest war das damals so.

Die Einzige, die mich auch ohne den Hans immer wieder einlud, war die Maya. Sie hatte vier Monate nach meiner Hochzeit, im Sommer 1955, den Nikki Kornfeld geheiratet. Die beiden wohnten in einer schönen Wohnung mit Dachterrasse in Basel. Der Nikki hatte das Geschäft seines Vaters übernommen, einen Laden für Haushaltartikel, Einrichtungs- und Dekorationsgegenstände, der mitten im Basler Zentrum, in der Altstadt lag. Die Maya wirkte von Anfang an mit. Der Laden hatte ein zusätzliches Lokal, das die Maya schon bald umnutzte und darin die erste Modeboutique in Basel mit dem Namen «Domus» eröffnete. Die Maya war schon immer äusserst modebewusst, kleidete sich elegant und hatte mit dieser Boutique ziemlichen Erfolg.

...

Im März fing die Saison im Hotel Reber wieder an. Ich arbeitete nicht mehr, die nächsten neun Jahre lang. Wir hatten jetzt eine kleine Wohnung in Locarno, dort richteten wir uns ein. Der Hans ging arbeiten, ich kümmerte mich um das Kind und den Haushalt. Ich genoss diesen Sommer. Es kamen Freunde zu Besuch, und ich fuhr mehrmals nach Basel. Aber mir wurde natürlich bewusst, was für eine Einschränkung ein Kind bedeutete, wie sehr es einen an sich fesselte und man nichts mehr gleich machen konnte wie vorher. Vor allem wenn das Wetter schlecht war, war es mühsam. Und der Hans hatte lange Arbeitszeiten, ich wartete oft auf ihn.

Irgendwann entdeckte der Hans eine Stelle ausgeschrieben, im «Beau Rivage Palace» in Lausanne, einem der renommiertesten Fünf-Sterne-Hotels in der Schweiz. Der Hans strebte, wie gesagt, eine Karriere in der Luxushotellerie an. Im «Reber» war er zwar Chef de Réception. Da das «Reber» aber kein Fünf-Sterne-Betrieb war, war es nicht möglich, dass er im Luxussegment direkt eine gleichwertige Anstellung bekommen würde. So machte er bewusst einen Schritt zurück und nahm die Stelle als Vizechef de Réception und Kassier im Hotel Beau Rivage Palace an, um wieder Fuss in der Luxushotellerie zu fassen. Im Herbst brachen wir unsere Zelte in Locarno ab, verabschiedeten uns vom «Reber», räumten unsere Wohnung und zogen nach Lausanne.

...

Nur ein halbes Jahr später stiess der Hans in der «Hotel Revue» erneut auf ein Inserat: Im Grandhotel Dolder in Zürich wurde ein neuer Chef de Réception gesucht. Das durfte er natürlich nicht unversucht lassen, das war für ihn eine Spitzenposition. Er bekam den Posten auf den 1. Oktober 1958. An der Forchstrasse, in der Nähe der Balgrist-Klinik, fanden wir eine schöne, grosse Wohnung. Die Grösse war relevant, ich war nämlich wieder schwanger. Sie war auch gut gelegen, mit dem Tram konnte man direkt in die Stadt fahren und das Hotel Dolder war ebenfalls in der Nähe.

Das «Dolder» war schon immer eines der Spitzenhotels der Schweiz, und der Hans hatte eine gute Stelle. Er blieb insgesamt acht Jahre dort. In Zürich gab es damals zu wenig Hotels. Die Gäste gaben dem Hans fünfzig oder sogar mal hundert Franken Trinkgeld, man muss fast sagen Schmiergeld, damit er ihnen ein Zimmer organisierte. Das «Dolder» war praktisch immer voll. Da es in der Nähe keine Bank gab –, das Dolder liegt auf dem Zürichberg –, wechselten die ausländischen Gäste ihr Geld alle an der Réception. Die Einnahmen des Geldwechsels wurden unter den Mitarbeitern der Réception verteilt. Das war damals in der Hotellerie so üblich. Der Hans verdiente pro Monat fünfhundert Franken, aber zusammen mit den Einnahmen aus der Change brachte er bis zu zweitausend Franken nach Hause.

Im Umgang mit den Gästen perfektionierte sich der Hans immer mehr. Das «Dolder» hatte viele Gäste, die relativ lange blieben und häufig wiederkamen. Er konnte gute Beziehungen aufbauen, und nicht wenige Kunden sollten später sogar zu uns ins «Kulm» nach Arosa kommen.

Das «Dolder» hatte auch einige Stammgäste, die fest dort wohnten, zum Beispiel die Frau Rothschild. Das war eine alte

Frau, die nicht mehr sehr gut zu Fuss war und von der man munkelte, ihr Bräutigam sei in der Hochzeitsnacht auf Nimmerwiedersehen verschwunden. Er sei aus dem Zimmer gegangen, um eine Zeitung zu holen, und nie mehr gesehen worden. Diese Frau ging am Stock und wanderte die halbe Nacht in ihren Gemächern umher. Sie hatte mehrere Zimmer gemietet. Und sie bezahlte auch die, die unter ihren Räumlichkeiten lagen, denn die konnte das Hotel nicht vermieten, weil die Frau Rothschild die Gäste mit ihrem Stock um den Schlaf gebracht hätte.

Dann war da noch eine ägyptische Prinzessin. Sie und ihr Mann, ein französischer Graf, wohnten ebenfalls fix im Dolder. Diese Prinzessin liess sich nie blicken, sie hielt sich stets in ihrem Zimmer auf und ging kaum aus dem Haus. Der Hans versuchte acht Jahre lang, sie zu sehen. Er telefonierte oft mit ihr. Wenn sie irgendetwas wollte, rief sie die Réception an. Aber in den ganzen Jahren bekam er sie nie zu Gesicht. Die Zimmermädchen sahen sie natürlich, und den Mann, den kannten alle. Er hielt sich normal im Hotel auf, in der Halle, im Speisesaal. Ihr hingegen musste man alles aufs Zimmer bringen. Ganz selten ging sie aus. Dann wartete ein Taxi beim Wareneingang. Ein Zimmermädchen musste sicherstellen, dass niemand auf dem Gang war, und sie huschte rasch, verhüllt mit einem Kopftuch, zum Taxi und fuhr fort.

Der Graf orderte jeden Morgen sein Frühstück aufs Zimmer. Er bestellte jeweils zwölf Scheiben Toast. Nicht etwa, weil er zwölf Stück Toast essen wollte, sondern weil er aus diesen zwölf

Stück zwei aussuchte, die ihm im richtigen Mass geröstet schienen. Es kam sogar vor, dass keines seine Anforderungen erfüllte. Dann rief er die Réception an und sagte: «Kommen Sie rauf und schauen Sie selbst, was Sie mir da servieren!»

...

Am 20. Januar 1959, nachmittags um halb vier, wurde unser Sohn Hans Christian geboren. Diesmal war ich in der Pflegerinnenschule angemeldet, beim Chefarzt sogar, nicht mehr in der «Sanitas». Die Geburt musste eingeleitet werden, und die Eröffnungsphase dauerte wiederum ewig. Als es dann aber richtig losging, war der Christian in weniger als einer Stunde da. Und die Mamme rief ganz aufgeregt: «Es ist ein Bub, Aisi, es ist ein Bub!» Unausrottbar in unserer Gesellschaft, die Vorstellung, ein Bub sei der grösste Triumph.

Der Hans war diesmal bei der Geburt dabei. Er hatte eine unglaubliche Freude und war völlig aufgeregt. Er ging nochmals kurz ins Hotel und kehrte mit einer Flasche Champagner und Gläsern unter seinem Mantel versteckt zurück, damit wir anstossen und feiern konnten.

In der Pflegerinnenschule war es wesentlich angenehmer als in der «Sanitas». Das war eine moderne und vom renommierten Chefarzt Dr. Reist gut geführte Klinik. Dieses Mal gab es keine Komplikationen, und bevor ich die Klinik verliess, wollte ich mit dem Doktor Reist über Empfängnisverhütung sprechen. Er meinte aber, er habe jetzt keine Zeit, wir würden das bei der Nachkontrolle in vier Wochen nachholen. Als ich jedoch zu dieser Kontrolle kam, war es bereits zu spät. Ich war schon wieder schwanger. Da erschrak er sehr, der Doktor Reist. Und ich erst! «Ich kann doch nicht schon wieder ein Kind bekommen!» Er war derselben Ansicht: «Nein, das können Sie wirklich nicht, kutschieren Sie erst mal mit den beiden, die Sie schon haben.» Er erklärte sich bereit, eine Abtreibung vorzunehmen.

Glücklicherweise hatte der Hans geregelte Arbeitszeiten und kam abends verhältnismässig früh nach Hause. Zudem wohnte das Mueti in Zürich und hütete die Kinder liebend gern. Das war rührend. Mindestens einen Nachmittag pro Woche kam sie zu uns, oder ich brachte ihr die Kinder an den Schneeglöggliweg. Sie blieben auch öfters über Nacht bei ihr. Und der Hans war ein ganz reizender Vater. Damals fand eine Umbruchphase statt. Der Pappe hätte ein Baby nicht mit dem kleinen Finger angerührt, und im Haushalt zu helfen wäre ihm nicht im Traum in den Sinn gekommen. Aber der Hans unterstützte mich tatsächlich. Er badete und wickelte die Kinder und kümmerte sich um sie. Meistens wenn er frei hatte, machten wir alle zusammen etwas. Oft gingen wir auf die Zürcher Forch, das war damals alles noch unbebautes Landwirtschaftsland. Im Winter gingen wir dort schlitteln und im Sommer picknicken. Oder wir fuhren nach Basel, wenn der Hans zwei Tage oder mehr am Stück frei hatte. Dort hütete die

Mamme die Kleinen und wir konnten wieder einmal ausgehen. Das tat gut.

...

In diesem Sommer entdeckten wir in der Zeitung ein Inserat mit dem Titel «Die ersten Eigentumswohnungen in Zürich». Eigentumswohnungen gab es damals in der Deutschschweiz eigentlich nicht, man konnte nämlich im Grundbuch kein Stockwerkeigentum eintragen. In der Romandie und im Ausland war das schon Usus, bei uns jedoch nicht. Die Beschreibung der Wohnung klang sehr attraktiv, und wir machten einen Termin mit den Architekten aus. Es nahm uns natürlich auch wunder, wie das mit dem Eigentum funktionieren sollte, wenn ein Grundbucheintrag nicht möglich war.

Der Trick war folgender: Man gründete eine AG. Im Haus waren vier Wohnungen, alle unterschiedlich gross. Die Aktien wurden entsprechend dem jeweiligen Wert den Wohnungen zugeteilt und jede Wohnung mit einem Vertrag unkündbar an das Aktienpaket gebunden. Gekauft wurden folglich keine Wohnungen, sondern Aktien. Wir interessierten uns für die Gartenwohnung, das war die kleinste. Das Haus lag an der Zollikerstrasse, oberhalb des Bahnhofs Tiefenbrunnen.

Wir fuhren nach Basel, um meine Eltern zu fragen, ob sie uns finanziell unterstützten. Die Wohnung kostete 150'000 Franken, wobei wir nur 50'000 selber aufbringen mussten. Wir hatten noch 30'000 Franken von meiner Mitgift, und der Pappe erklärte sich bereit, mir den Rest zukommen zu lassen. Denselben Betrag überwies er meinen Geschwistern, damit die Gerechtigkeit gewahrt blieb.

So konnten wir uns an diesem Wohnungsexperiment beteiligen. Die AG wurde gegründet und das Haus gebaut. Zuerst hiess es, Einzugstermin sei Sommer 1960, also gut ein Jahr später, doch relativ schnell wurde er auf Herbst verschoben. Wir engagierten uns natürlich wahnsinnig. Wir konnten mitplanen und einzelne Details selber aussuchen, das schöne Cheminée im Wohnzimmer und das kleine Bassin im Garten zum Beispiel waren unsere Idee.

Die alte Wohnung kündigten wir zwar erst auf den 1. Oktober, aber leider waren die Bauarbeiten selbst dann noch nicht abgeschlossen, und wir konnten unmöglich einziehen. Gott sei Dank verreisten der Max und seine Frau Brigit genau die ersten beiden Oktoberwochen, und wir durften für diese Zeit bei ihnen wohnen. Ich hatte keine Lust, zweimal umzuziehen, aber es blieb uns nichts anderes übrig. Nachdem wenigstens Türen und Fenster eingesetzt waren und man das Badezimmer einigermassen benutzen konnte, zogen wir ein. Einen weiteren Monat lang standen jeden Morgen um sieben die Handwerker vor der Tür. Es war echt mühsam, doch es lohnte sich. Die Wohnung wurde toll!

Während unserem Aufenthalt in der Wohnung von der Brigit und vom Max hatte ich ständig das Gefühl, dass etwas seltsam riechen würde. Und mir war ständig schlecht. Ich verdammte die Wohnung, musste mir jedoch bald eingestehen, dass es gar nicht an ihr lag: Ich war wieder schwanger! Mit zwei Kindern schaffte ich es doch kaum und jetzt sollte noch ein drittes kommen? Wie sollte ich das nur machen? Ich kann mich erinnern, wie ich in unserer halbleeren Wohnung auf dem Bett lag und schluchzte. Der Hans sagte: «Ich verstehe dich nicht, von mir aus könnten wir zwölf Kinder haben.» Er begriff nicht, dass ich mit unseren beiden schon total überlastet war. Er konnte sich nicht in mich hineinversetzen.

An Silvester organisierten wir eine Party und luden Freunde zu uns nach Hause ein. Zu solchen Gelegenheiten konnten wir die Kinder immer zum Mueti bringen. Sie übernachteten dort, und das Mueti brachte sie erst am nächsten Nachmittag zurück. Aber mit dieser Silvesterfeier hatte ich mich übernommen. Mit ihr begann die Zeit meiner grossen Erschöpfung.

In diesem Winter hatte die Martina eine schlimme Phase. Sie wachte in der Nacht auf und schrie. Oder sie kam einfach in unser Zimmer. Teilweise meldete sie sich bis zu acht Mal pro Nacht, und ich lag eigentlich nur noch da und wartete und konnte gar nicht mehr einschlafen. Der Hans sagte: «Also ich schlafe gut. Neben mir könntest du eine Kanone abfeuern, ich wache nie auf.» Das war wirklich so, er wachte nie auf. Aber ich serbelte vor mich hin. Ich verlor sogar Gewicht, obwohl man in der Schwangerschaft eigentlich zunehmen sollte. Ich war richtig ausgemergelt und nervös bis zum Gehtnichtmehr. Verzweifelt suchte ich nach Hilfe, die ich aber nirgendwo finden konnte. Auch wenn das Mueti hütete und auch die Mamme mich ablöste, es reichte nicht.

Vor der Geburt kam die Schwester Helene zu uns und blieb etwa drei oder vier Monate. Das war die Hebamme, die bereits die Mamme nach der Geburt vom Andresli unterstützt hatte. Sie war schon lange pensioniert, doch sie erklärte sich bereit, mir zur Seite zu stehen. Wie war ich froh um sie, selbst wenn sie nicht mehr sehr effizient war. Sie war bei mir, als die ersten Wehen einsetzten, am Pfingstsonntag um halb zwei Uhr morgens. Ich machte einen langen Spaziergang im Quartier und legte mich danach nochmals ein bisschen hin. Die Wehen waren noch nicht so stark, das ging. Nach dem Aufstehen ging ich in die Küche und fing an, Spargeln für das Mittagessen zu schälen. Das ist eine unvergessliche Erinnerung: das endlose Spargelnschälen und die immer stärker werdenden Wehen. Nach dem Mittagessen fuhren wir in die Pflegerinnenschule. Die Geburt lief reibungslos und perfekt ab, und am 21. Mai 1961, am frühen Abend um halb sechs, wurde die Livia geboren. Sie wurde unser Sonnenschein. Gott sei Dank bekamen wir dieses dritte Kind.

...

Insgesamt lebten wir fast acht Jahre in Zürich. Die Martina kam dort in den Kindergarten und dann in die Schule, als für den Christian die Kindergartenjahre begannen. Der Schul- und Kindergartenweg war ziemlich gefährlich. Die Kinder waren gezwungen, der stark befahrenen Zollikerstrasse entlangzulaufen und diese sogar zu überqueren. Damals empfanden wir das allerdings als vollkommen unproblematisch, und es war selbstverständlich, dass sie diesen Weg alleine machten. Unsere Wohnung gefiel uns enorm gut, und die Lage in der Nähe des Sees – zu Fuss erreichte man ihn in fünf Minuten – wertete sie zusätzlich auf. Einzig der Verkehr war ein Nachteil. Aber das machte der schöne Garten wieder wett. Mit dem kleinen Bassin wirkte er natürlich wie ein Magnet auf die Nachbarn, und im Sommer vergnügte sich stets ein ganzes Rudel Kinder in diesem Becken.

So toll es im Sommer in Zürich war, so schwierig wurde es im Herbst und im Winter. Den berühmten Zürcher Nebel, der sich jedes Jahr spätestens ab Oktober breitmachte, lernten wir ausgiebig kennen. Wir merkten glücklicherweise schnell, dass man ihm relativ einfach entfliehen konnte. Oft reichte es, auf den Zürichberg bis zum «Dolder» zu fahren. Wir an der Zollikerstrasse steckten im dichtesten Nebel, und nur wenig oberhalb schien die Sonne. Ich fing an, im Winter Ausflüge auf die Eisbahn beim «Dolder» zu machen. Die liegt wunderschön im Dolderwald, und dort brachte ich den Kindern das Schlittschuhfahren bei.

Der Hans und ich unternahmen von Zürich aus mehrere Ferienreisen ohne Kinder. Wir konnten sie ja fast immer bei den Grosseltern lassen. Meistens teilten wir sie auf, eines oder zwei nach Basel und eines oder zwei zum Mueti. So hatten wir immer wieder Gelegenheit, richtig auszuspannen und für uns zu sein.

Wenn wir die Kinder mal nicht zu den Grosseltern bringen konnten, quartierten wir sie ausnahmsweise in einem Kinderheim ein. Heute staune ich darüber: Wir schickten die Kinder ohne jedes Bedenken in ein solches Heim. Das machten alle. Und das, obwohl ich selber aus meiner Kindheit schreckliche Erinnerungen an derartige Einrichtungen hatte. Das ist eindrücklich: Man macht als Kind schlechte Erfahrungen, und wenn man erwachsen ist, tut man seinen Kindern trotzdem das Gleiche an. Ich war voller Zorn und Ärger auf meine Eltern aufgrund verschiedener Vorkommnisse in meiner Kindheit. Als ich jedoch anfing, meine Geschichte aufzuarbeiten, musste ich feststellen, dass ich mit meinen Kindern oft genauso umgegangen war. Das ist eine erschütternde Erkenntnis.

Natürlich verbrachten wir unsere Ferien aber hauptsächlich gemeinsam mit den Kindern, während unserer Jahre in Zürich meistens in der Schweiz. Weitere Reisen, oft ging es nach Italien, unternahmen wir erst später, als wir schon in Arosa lebten. Vorher waren die Kinder noch zu klein für derart lange Autofahrten.

...

Wenn ich die Zeit in Zürich Revue passieren lasse, darüber nachdenke, was wir in all diesen Jahren, in denen ich eigentlich «nur» zu Hause war, erlebten, bin ich überrascht. Es kommt mir heute so vor, als sei ständig etwas los gewesen, als ob ich eine lebendige und interessante Zeit gehabt hätte. Und ich wundere mich, dass ich mich noch immer darüber beklage, dass ich als Hausfrau und Mutter an den Rand der Gesellschaft gedrängt gewesen sei, dass ich nirgendwo habe mitmachen können, weil ich an die Kinder gekettet gewesen sei und zu Hause habe bleiben müssen. Das erscheint mir heute als Widerspruch. Dennoch ist es genau dieses Gefühl, das meine ganzen Jahre in Zürich am stärksten prägte.

Ich war überfordert. Ich war nicht parat gewesen für ein Kind, geschweige denn für drei. Die fehlende Geburtenkontrolle war ein grosses Problem für mich, das ich mit niemandem, nicht einmal mit dem Hans, besprechen konnte. Über solche Dinge redete man nicht. Das belastete natürlich auch unsere Ehe, zusätzlich zu den alltäglichen Problemen. Dennoch waren es gute Jahre, die ganzen ersten zehn Jahre als junge Familie. Wir gehörten zusammen, machten alles gemeinsam und lösten auch unsere Schwierigkeiten untereinander. Nachdem die Livia da war, liess ich mich unterbinden. Danach war ich viel entspannter, das tat uns allen gut.

Trotz meiner Überforderung war ich sehr stolz auf meine drei Kinder. Sie waren so liebenswert, die drei Blonden, die sich derart glichen. Wobei doch jedes einen eigenen Charakter hatte. Die Livia war ein recht robustes Kind, nicht so fein wie die Martina. Sie verpasste sich selber, als sie ein bisschen älter war, den Namen «Rollebolle». Und der Christian war ein extrem herziges Büblein mit einem richtigen Dickschädel. Der wusste schon früh ganz genau, was er wollte.

Arosa

Im Sommer 1965 meldete sich der Verwaltungsrat des Arosa Kulm Hotels im «Dolder» zu einer Sitzung an. Im «Dolder» war ein neuer Bettenflügel gebaut worden, und die Besitzerfamilie vom «Kulm», die Familie Stoffel, wollte diesen Trakt besichtigen. Der Hans empfing die Familie Stoffel persönlich, stellte sich vor und führte sie herum. Kurz darauf entdeckte er in der «Hotel Revue» ein Inserat, in welchem für das Arosa Kulm Hotel ein neuer Direktor gesucht wurde. Der Hans war in der Zwischenzeit Vizedirektor im «Dolder» geworden. Das war zwar nur ein Titel, ansonsten wurden ihm keinerlei Vorteile gegenüber seiner vorherigen Position zugesprochen, nicht einmal eine Lohnerhöhung, aber genau dieser Titel machte es möglich, uns auf die Direktionsstelle im «Kulm» zu bewerben. Damals war es üblich, fast schon obligatorisch, dass man sich als Direktionsehepaar bewarb. Neben uns gab es etwa vierzig weitere Bewerbungen, unter anderem vom aktuellen Vizedirektor. Unsere Konkurrenz war also riesig.

Trotzdem wurden wir zu einem Gespräch mit dem Verwaltungsrat eingeladen. Dieser bestand aus der Familie Stoffel, zwei Brüdern und drei Schwestern, alle bereits über siebzig. Sie hatten das Hotel nach dem Tod ihres Vaters gemeinsam geerbt und leiteten es als gleichberechtigte Verwaltungsräte. Als Verwaltungsratspräsidenten hatten die Stoffels den Herrn Doktor Franz Seiler gewählt, einen renommierten Mann in der Hotelbranche, über Jahrzehnte Präsident des Schweizer Hoteliervereins, der nicht zur

Familie gehörte. Zusätzlich gab es einen Delegierten des Verwaltungsrats.

Der Zufall wollte es, dass der Hans eben diesen Doktor Seiler kurz zuvor kennengelernt hatte. Unser Schwager Nikki Kornfeld ging jeweils auf die Jagd ins Elsass und hatte den Hans in diesem Jahr eingeladen mitzukommen. Daran nahm neben einigen anderen Leuten auch der Doktor Seiler teil. Alle brachten ihr eigenes Picknick mit. Nur der Herr Doktor Seiler hatte keinen Proviant dabei, und so offerierte ihm der Hans etwas von seinem Mittagessen. Da sagte der Doktor Seiler: «Wissen Sie, ich brauche nie etwas mitzunehmen, ich werde stets versorgt. Es ist immer jemand dabei, der etwas von mir möchte. Und hier ist der Hans Leu, der möchte gerne Direktor werden.»

Der Hans hatte also den Verwaltungsratspräsidenten und die Familie Stoffel kennengelernt, was ein grosser Vorteil war: Wir bekamen die Stelle auf den 1. Juni 1966.

Die Direktionsstelle im Arosa Kulm Hotel war als Jahresstelle ausgeschrieben gewesen, obwohl das Hotel damals nur im Winter geöffnet hatte, von Mitte Dezember bis nach Ostern. Das heisst, es war ungefähr hundert Tage offen und rund zweihundertsechzig Tage geschlossen. Für uns war das selbstverständlich, denn während dieser Ruhezeit wurde die Wintersaison vorbereitet. Erst später erfuhren wir, dass unser Vorgänger, der Herr Armin Wyssmann, jeweils nur für den Winter angestellt worden war. Für die Sommersaison musste er sich etwas anderes suchen. Er war zehn Jahre lang Direktor im «Kulm» gewesen, von 1956 bis 1966, und zog zweimal pro Jahr um. Ein richtiger Saisonnier. Im Sommer war er immer im Grand Hotel Brunnen, das gehörte ihm am Schluss sogar, glaube ich. Im Winter bereitete er im «Kulm» die Sommersaison in Brunnen vor und während dem Sommer die Wintersaison in Arosa. Was für ein Stress!

Die Wyssmanns hörten im «Kulm» auf, weil sie das Hotel Tschuggen in Arosa übernehmen konnten. Sie kauften es mit Hilfe der Bank. Während dem Krieg waren viele Hotels zahlungsunfähig geworden und mussten von den Banken übernommen werden. Die Banken machten mit diesen Häusern meistens Verluste und waren gerne bereit, jedem unter die Arme zu greifen, der plante, ein solches Hotel zu übernehmen. Der Herr Wyssmann und seine Frau schlossen ihre Wintersaison im «Kulm» ab, zogen ins «Tschuggen» um und wurden zu unserer Hauptkonkurrenz. Das «Tschuggen» und das «Kulm» waren schon damals und sind noch heute die beiden besten Häuser in Arosa.

...

Nachdem wir die Zusage für die Direktionsstelle erhalten hatten, wollten wir nach Arosa fahren, um uns das Hotel anzuschauen. Der Hans rief den Herrn Wyssmann an und informierte ihn darüber, dass wir gerne kommen würden, doch der wies ihn ab mit der Begründung, er habe keine Zeit. Erst beim dritten Versuch vom Hans sagte er für ein Treffen zu.

In der ersten Dezemberwoche 1965 fuhren wir mit dem Zug nach Arosa. Am Mittag kamen wir an und gingen gemütlich das frisch verschneite Dorf hinauf. Wir spazierten mitten auf der Dorfstrasse, es fuhr kein einziges Auto, und man sah niemanden. Es gab ein paar vereinzelte Fussspuren im Schnee, aber das Dorf war wie ausgestorben. Wir flanierten bis zum «Kulm» – das «Kulm» liegt in Innerarosa, das ist ein ganz schönes Stück vom Bahnhof – und standen zum verabredeten Zeitpunkt vor der Tür. Die Wyssmanns empfingen uns und offerierten uns einen Kaffee. Sie führten uns kurz herum und erzählten ein bisschen etwas über den Betrieb, allerdings sehr zurückhaltend. Da Zwischensaison war, war alles noch zugenagelt und mit Tüchern verhängt. Wir schlugen vor, im Januar erneut zu kommen, um einen Eindruck des Hauses während der Saison zu bekommen, und der Wyssmann meinte nur: «In Ordnung. Ich würde Ihnen aber nahelegen, dass Sie dann als Gäste kommen und das Haus von dieser Seite kennenlernen.» Wir fuhren zurück nach Zürich und konnten uns nicht erklären, wieso sich der Wyssmann so seltsam benommen hatte.

Im Januar rief der Hans erneut an: «Wann könnten wir kommen, wann hat es Platz im Haus? Und wann hätten Sie Zeit, uns ein bisschen etwas zu zeigen? Ich würde Sie schaurig gern einen ganzen Tag begleiten, um zu schauen, wie Ihre Arbeit aussieht.» – «Ach das nützt Ihnen überhaupt nichts. Wissen Sie, heute sitze ich von morgens bis abends im Büro und morgen wasche ich ab, weil ein Tellerwäscher ausgefallen ist.» Trotzdem verbrachten wir drei Tage im «Kulm», und es war sehr schön. Aber wir konnten das Hotel nur von der Gästeseite betrachten, der Herr Wyssmann zeigte uns wie angekündigt nichts.

Der Herr Wyssmann hatte uns bereits im Dezember mitgeteilt, dass sein Chef de Réception, der Herr Ledwinka, und dessen Frau, die das Kinderparadies betreute, im «Kulm» bleiben würden, und was wir dadurch für einen tollen Start hätten. Er habe damals alles selber zusammensuchen müssen, wir hingegen hätten das Hotel schon vorher kennenlernen können und hätten ausserdem ja die Ledwinkas, die alles schon kannten. Als wir im Januar da waren, trafen wir das Ehepaar und konnten sofort erkennen, dass das äusserst kompetente und motivierte Leute waren. Die Frau Ledwinka erklärte sich sogar bereit, neben dem Kinderparadies auch unsere Kinder zu betreuen. Neben den Ledwinkas hatten laut dem Herrn Wyssmann alle anderen Departementschefs ebenfalls für die nächste Saison zugesagt. Es stellte sich jedoch ziemlich rasch heraus, dass der Küchenchef, die wichtigste Person im Haus, und alle Gouvernanten mit ins «Tschuggen» gehen würden. Immerhin wollten der langjährige Chef de Service und der populäre Barman bei uns bleiben.

Die Stoffels hatten von sich aus angeboten, die Direktionswohnung vor unserem Einzug zu renovieren. Das ursprüngliche «Kulm» war damals aus zwei alten Walserhäusern entstanden. In diesen befanden sich bei unserer Ankunft das Dancing, ein paar Musikerzimmer, das Kinderparadies und eben die Direktionswohnung im ersten Stock. Im Dachgeschoss gab es zwei weitere Zimmer, die bei der Renovation in die Wohnung integriert wurden. Wir liessen sämtliche Verschalungen entfernen, und es kamen jahrhundertealte wunderschöne Holzbalken zum

Vorschein. Zwischen den Balken brachten wir eine Tapete mit blauen Blumen an, dazu passend wählten wir unsere Bettwäsche. Ausserdem hatten wir ein lustiges Badezimmer mit einer farbigen Tapete.

Kurzum, es wurde echt schön und langsam kamen wir dem Geheimnis auf die Spur, weshalb die Wyssmanns so sauer waren. Als sie im Sommer nämlich einmal vorbeikamen, die Wohnung war noch in Renovation, zeigte ich ihnen alles. Da erzählten sie uns, dass sie damals, vor zehn Jahren, dort einziehen mussten, ohne dass irgendetwas renoviert worden wäre, nicht einmal frisch gestrichen – nachdem ihre Vorgänger siebenunddreissig Jahre lang in der Wohnung gelebt hatten. Und das alles, obwohl der Wyssmann nur für ein halbes Jahr bezahlt wurde, sich eine Sommerstelle suchen und jedes Jahr zweimal umziehen musste.

Die Übergabe war mit den Wyssmanns auf den 1. Juni vereinbart worden. Wir wollten die Kinder jedoch bereits am 1. Mai nach Arosa bringen. Die Frau Ledwinka sollte sie dann drei Wochen lang betreuen, während wir in Zürich den ganzen Umzug organisierten. Ausserdem war es dem Hans gelungen, seinen Direktor im «Dolder» zu überzeugen, dass ich als Stagière eine Runde durch alle Hauswirtschaftsdepartemente machen durfte. Ich hatte seit Langem nicht mehr in einem Hotel gearbeitet und war über eine Auffrischung froh. Also verbrachte ich im Mai drei Wochen im «Dolder», ein paar Tage in der Lingerie, ein paar Tage im Economat, ein paar Tage in der Kaffeeküche. Das half mir sehr.

Als Hoteldirektorin brauchte ich zudem eine neue Garderobe. Mit der Maya machte ich deshalb eine Reise nach Paris und begleitete sie zu den Einkäufen für ihre Boutique an die grossen Modeschauen.

Um die Übergabe zu vereinbaren, rief der Hans einmal mehr den Herrn Wyssmann an: «Wir kommen am frühen Nachmittag. Ist zwei Uhr in Ordnung?» – «Das ist ein bisschen spät, könnten Sie nicht am Morgen kommen?» – «Vor elf schaffen wir es leider nicht.» – «Gut, dann kommen Sie um elf, wir müssen einfach zu gegebener Zeit gehen.» Wann die gegebene Zeit sei, verriet er nicht.

Am Sonntag, den 1. Juni 1966, standen wir also um elf Uhr vor dem «Kulm». Der Herr Wyssmann kam mit der ganzen Familie im Auto angebraust. Die zwei Söhne verschwanden sofort, der Herr Wyssmann nahm den Hans mit, die Frau Wyssmann mich. Sie zeigte mir in Windeseile alles im Hintergrund, die Lingerie, das Economat und so weiter. Jede Frage, die ich stellte, beantwortete sie mit: «Das zeigt Ihnen dann die Gouvernante.» Schliesslich fragte ich: «Welche Gouvernante, die gehen ja doch alle mit Ihnen?» Nun war sie beleidigt und sagte gar nichts mehr. Unser Rundgang dauerte eine Dreiviertelstunde. In der gleichen Zeit hatte der Herr Wyssmann dem Hans Büro, Küche, Restaurant und Bar gezeigt und um viertel vor zwölf trafen wir uns alle im Personalbüro wieder. Das war ein ganz altes Büro mit mehreren schweren Schreibtischen, und auf einem dieser Tische standen sechs grosse Biskuitbüchsen, gefüllt mit Schlüsseln. Einige waren angeschrieben, andere nicht, wiederum andere waren falsch angeschrieben, doch das merkten wir natürlich erst später. «Hier sind die Schlüssel», sagte der Herr Wyssmann. Er überreichte dem Hans die Kasse und wandte sich seiner Frau zu: «Komm, Julie, wir müssen gehen.» Sie hatten uns das «Kulm» in weniger als einer Stunde übergeben. Sie fanden das mehr als genug, denn immerhin war ihnen damals, vor zehn Jahren, gar nichts gezeigt worden. Man hatte ihnen die Schlüssel kommentarlos per Post zugeschickt.

...

Das Arosa Kulm Hotel ist das zweitälteste Hotel in Arosa. Das älteste ist der «Seehof». Um 1850 war Arosa vom Aussterben bedroht, es hatte noch knapp fünfzig Einwohner. Die Aroser hatten einen Grossteil der Weiderechte, alle guten Hänge, verkauft und hatten keine Lebensgrundlage mehr. Ende des 19. Jahrhunderts kamen die ersten Sommerfrischler. Bis Chur reisten sie mit der Bahn, ab dort bis Langwies mit der Postkutsche. Die Strasse von Chur nach Langwies wurde 1875 gebaut, das letzte Stück bis Arosa musste auf Maultieren zurückgelegt werden. Die Strasse von Langwies nach Arosa wurde erst 1890 fertiggestellt. Es kamen ganze Familien mit Kindern, Grossmüttern, Bediensteten und grossem Gepäck. Und sie blieben lange, oft den ganzen Sommer. So fingen die Bauern und Bergbewohner an, ihre guten Stuben zu vermieten, bauten bald schon zusätzliche Zimmer und danach ganze Häuser, um die Gäste unterzubringen.

Das «Kulm» wurde 1882 gegründet. Zwei alte Walserhäuser, Arosa war ursprünglich eine Walsersiedlung, wurden mit einem Zwischenbau verbunden, und es entstand das «Kurhaus». Bald nachdem die Sommerfrische aufgekommen war, hatte man bemerkt, dass Leute mit Tuberkulose beziehungsweise mit Lungenproblemen in der Höhe leichter atmen konnten und sich ihr Zustand sogar besserte. Es wurden Sanatorien errichtet, und die Patienten blieben oft monate-, zum Teil sogar jahrelang in den Kurorten, in der Hoffnung, wieder gesund zu werden. Davos war der berühmteste dieser Kurorte.

Ebenfalls Ende des 19. Jahrhunderts kam ein gewisser Doktor Otto Herwig nach Arosa und stellte fest, dass diese Ortschaft mindestens ebenso als Kurort geeignet sei wie Davos. Er baute ein Sanatorium und begründete Arosa als Lungenkurort. Danach kamen weitere Heilstätten hinzu, es wurde ein richtiger Boom. Tuberkulose war weit verbreitet und eine sehr gefürchtete Krankheit, sodass alle Sanatorien rasch gut rentierten.

Als um die Jahrhundertwende vom 19. zum 20. Jahrhundert die ersten Skifahrer auftauchten, entwickelten sich die Bergorte mehr und mehr zu Wintersportorten. In den Zwanzigerjahren gehörte das «Kulm», so hiess es seit 1894, einem Fräulein Milli Liner. Wir entdeckten das irgendwann in alten Schriften im «Kulm»: Das Fräulein Liner war eine ledige Frau und liiert mit einem gewissen Gustav Bener. Dieser Herr Bener war der Oberingenieur der Arosabahn, 1914 war nämlich die Eisenbahnstrecke von Chur nach Arosa eröffnet worden. Er wohnte zwar in Chur, pflegte aber offenbar eine Beziehung zu diesem Fräulein Liner.

Wir dachten natürlich, dass der Herr Bener ein begüterter Mann gewesen sei und dem Fräulein Liner das Hotel wahrscheinlich gekauft hatte. Eines schönen Tages kam eine Frau ins «Kulm», die sich als Gottenkind eben dieses Fräuleins Liner zu erkennen gab. Sie erzählte uns, dass sie in den Zwanzigerjahren oft ihre Gotte in Arosa besucht habe und es eben genau umgekehrt gewesen sei: Das Fräulein Liner habe den Herrn Bener ausgehalten. Wir waren völlig baff.

In den Zwanzigerjahren verbrachte die Familie Stoffel, die damals eine bekannte Textilfabrik in St. Gallen besass, ihre Winterferien in Davos. Die beiden Söhne Charly und Max fuhren mit den Skiern über die Berge nach Arosa, entdeckten das Dorf ihrerseits und stiessen auf das «Kulm». Sie fuhren zurück nach Davos und nötigten ihren Vater, nach Arosa zu kommen und sich das «Kulm» anzuschauen. Das Fräulein Liner war in der Zwischenzeit in Schwierigkeiten geraten und konnte das Haus nicht mehr recht bewirtschaften. So kaufte der Beat Stoffel dem Fräulein Liner das Hotel 1925 ab. Das Wohnrecht behielt sie bis zum Lebensende.

Anno 1937 starb der Beat Stoffel. Wie gesagt, hatte er drei Töchter und zwei Söhne, die das Hotel zu gleichen Teilen erbten und übernahmen. Sie waren damals noch jung und trugen viel zum Erfolg des Hauses bei. Sie brachten das Gesellschaftsleben ins «Kulm», und ich vermute, dass sie auch entscheidend am Ausbau der Bar und des Dancings beteiligt waren, das damals sehr berühmt war. Schon ab den Dreissigerjahren waren immer die bekanntesten Orchester und Bands engagiert, renommierte

Schweizer Gruppen wie zum Beispiel die vom Teddy Stauffer. Und später vor allem die vom Hazy Osterwald.

...

Der Delegierte des Verwaltungsrats, der Herr Doktor Richard Welti, war ein Schwiegersohn vom Max Stoffel. Er kümmerte sich aktiv um das «Kulm» und nahm diese Aufgabe ernst. Er war ein erfahrener Geschäftsmann und tauchte schon bald nach unserem Antritt auf, erkundigte sich, schaute genau, was wir taten, und erteilte uns Ratschläge. Kurz nachdem wir angefangen hatten, wurde der Hans vom Herrn Doktor Welti zur Verwaltungsratssitzung des Kulm Hotels nach Zürich ins Hotel Elite beordert. Mir sagte er, zu der Sitzung sei ich natürlich nicht eingeladen, aber falls ich meinen Mann nach Zürich begleiten wolle, sei ich zum Mittagessen herzlich willkommen. Man muss wissen, dass die Hotels damals zwar normalerweise von einem Direktionsehepaar geführt wurden, dass die Frau des Direktors zwar selbstverständlich verpflichtet war, sich in den Betrieb einzubringen, dass sie jedoch keinerlei Rechte hatte. Sie hatte keinen eigenen Vertrag, war höchstens eine Fussnote im Vertrag ihres Mannes.

Als ich nun, vom Herrn Doktor Welti ausdrücklich eingeladen, an diesem Tag pünktlich im «Elite» zum Mittagessen auftauchte, schauten mich die Stoffels ganz entsetzt an, als sie nach der Sitzung aus dem Zimmer kamen. Der Doktor Welti hatte ihnen offensichtlich nicht gesagt, dass er mich eingeladen hatte. Wir gingen zu Tisch und die Damen Stoffel sagten zum Hans: «Herr

Leu, kommen Sie, setzen Sie sich zwischen uns.» Um mich kümmerte sich niemand, auch der Hans nicht. Ich stand einfach da und wartete, bis alle sassen. Dann setzte ich mich auf den freien Stuhl gegenüber vom Hans, worauf die eine Dame dem Hans etwas ins Ohr flüsterte. Der Hans drehte sich zu mir um: «Die Damen Stoffel bitten dich aufzustehen und diesen Platz für ihre Schwester freizumachen. Sie kommt gleich.» Das sagte er zu mir, ohne rot zu werden!

Der Doktor Welti hingegen war, obwohl er mich an diesem Essen hatte hängen lassen, eigentlich ein sehr aufgeschlossener Vorgesetzter. Er schlug mir vor, ich solle doch die Protokollführung an den Verwaltungsratssitzungen übernehmen, so könne ich ebenfalls dabei sein.

Das «Kulm» hatte offiziell hundertachtzig Betten, beherbergte jedoch meistens über zweihundert Gäste. Wir hatten ein Haus übernommen, das zwar nur hundert Tage im Jahr geöffnet, aber in dieser Zeit fast immer voll besetzt war. Die Durchschnittsauslastung lag bei circa achtundneunzig Prozent. Das war nur dank Supplément-Betten und irgendwelchen miesen Kammern möglich, in denen Gäste während der besten Zeit für eine oder zwei Nächte provisorisch untergebracht wurden. In der Hochsaison führten wir sogar eine Warteliste. Die Leute reservierten den Aufenthalt im nächsten Jahr bereits bei ihrer Abreise.

Man muss allerdings beachten, dass unsere Zimmer von sehr unterschiedlicher Qualität waren. Obwohl wir ein Luxushotel waren, hatten nur dreissig Prozent der Zimmer ein eigenes Bad, der Grossteil war recht primitiv. Aber die Gäste wollten unbedingt nach Arosa und ins «Kulm» kommen und nahmen unglaubliche Dinge in Kauf. Die Supplément-Betten standen an den unmöglichsten Orten, beispielsweise vor der Badezimmertür, sodass man das Bad nur bei offener Tür benutzen konnte. Trotzdem blieb die Mehrheit dieser Supplément-Betten während der Hochsaison fix stehen, sie wurden immer gebraucht. Und die Hauptsaison dauerte fast drei Wochen über Weihnachten/Neujahr und noch einmal sechs Wochen im Februar/März. Wahl hatte man keine, man nahm, was es gab.

...

In unserem ersten Sommer in Arosa kam die Livia in den Kindergarten, der Christian in die erste und die Martina in die dritte Klasse. Arosa hatte damals noch viele Kinder, viel mehr als heute. Die Frau Ledwinka wollte sich neben der Kinderbetreuung gerne auch im Hotel betätigen. Sie war eine äusserst tüchtige und engagierte Frau, und wir kamen gut miteinander aus. Gemeinsam setzten wir uns beispielsweise für eine Verbesserung der Personalzimmer ein, über deren Zustand ich absolut schockiert war. Wo ein Bett stehen konnte, stand eines und jemand schlief darin. Ein Angestellter im «Kulm» hatte Anrecht auf ein Bett, einen Stuhl und ein zwanzig Zentimeter breites Kästchen. Das musste reichen. Die Leute kamen in ihrem Reisekleid an, hängten es ins Kästchen und zogen ihren Schurz an. Den trugen sie drei oder vier Monate lang, und wenn sie gingen, schlüpften sie wieder in ihr Reisekleid. Die sanitären Einrichtungen glichen denjenigen einer Kaserne.

Allerdings war seit unserem Antritt der Bau der «Cuolmetta», und damit eine fundamentale Verbesserung, im Gang. Das neue Personalhaus des «Kulm» hatte sechsunddreissig Einzelzimmer, ausgestattet mit neuen Möbeln, privater Dusche und Lavabo, nicht aber mit eigenem WC. Die übrigen Personalunterkünfte versuchten wir mit Eigenarbeit zu verbessern. Indem wir die Möbel neu arrangierten und aus rot-weiss und blau-weiss karierten und gestreiften Stoffen Vorhänge und Bettbezüge nähten, versuchten wir, eine einigermassen freundliche Atmosphäre zu kreieren. Trotzdem, wenn man dem ankommenden Personal die Unterkünfte zeigte, musste man sich wirklich schämen.

Am Anfang wohnten wir selber ebenfalls ziemlich primitiv und schäbig. Unsere Wohnung war in Renovation, und wir schliefen in einem Hotelzimmer. Das Zimmer der Kinder lag sogar auf der anderen Seite des Korridors.

Nach dem Umbau wurde es besser. Dennoch hatte unsere neue Wohnung keine Küche, wir assen im «Kulm». Es gab im Hotel einen sogenannten Kuriersaal. Das war ursprünglich ein Essraum für das bessere Personal gewesen, für Kuriere, Diener, aber auch für Kindermädchen oder Chauffeure, die die Gäste begleitet hatten. Dieser Raum war völlig trostlos, aber immerhin mit einer Küche ausgestattet, die wir im Sommer, wenn die Hotelküche geschlossen war, benutzen konnten.

Neben dem Hotel gab es einen Schopf, der war vollgestopft mit alten Möbeln. Damit statteten wir einen Teil unserer Wohnung aus. Es waren ganz lustige Stücke darunter. In den ersten Monaten waren wir also damit beschäftigt, uns einzurichten, und die Wohnung wurde toll, von der fehlenden Küche abgesehen. Dort wohnten wir acht Jahre lang. Direkt unter der Wohnung lag die Hotelbar. Der Hans und ich hatten unser Zimmer zwar einen Stock höher, doch die Kinder mussten unmittelbar über der Musik schlafen.

Das «Kulm» hatte neben den rund zweihundert Gästen fast den ganzen Winter hindurch etwa zweihundert Angestellte. Davon kam circa die Hälfte jedes Jahr wieder. Das waren vor allem Kaderleute, die nach der Anreise ihre Abteilungen selbstständig übernahmen und das Hotel zum Laufen brachten. Die anderen fünfzig Prozent musste man jedes Jahr neu suchen, finden und anstellen. Wenigstens war das nicht sehr schwierig, wie gesagt, die Leute konnten keine grossen Ansprüche stellen, die Arbeitsbedingungen waren überall gleich mies. Ein Grossteil unserer Mitarbeiter kam aus der Nähe, aus dem Bündner Oberland oder aus dem Norden Italiens. Im ersten Jahr liessen wir den Hotelbetrieb einfach laufen. Wir mussten uns zuerst ein Bild darüber machen, wie alles funktionierte.

Kaum waren wir in Arosa angekommen, kaufte sich der Hans einen Boxerhund namens Tiki. Der spielte in der Familie eine wichtige Rolle. Die Begründung für die Anschaffung war, wir bräuchten bei geschlossenem Hotel einen Wachhund, vor allem wenn der Hans wegfahren musste. Das leere Hotel war tatsächlich ein wenig unheimlich, und am Anfang hatte ich schon ein bisschen Angst. Mit der Zeit gewöhnte ich mich allerdings daran.

In Tat und Wahrheit war es aber so, dass wenn der Hans fort war, der Hund genauso weg war. Der Tiki verschwand sofort, streunte im ganzen Dorf herum und frass alle Abfallkübel am Strassenrand leer. Um drei oder vier Uhr morgens kam er zurück, setzte sich vor den Hoteleingang und fing an zu heulen und zu jaulen, sodass ich aufstehen und im Nachthemd durch das dunkle Hotel laufen musste, um ihn reinzulassen. Zudem furzte er vierundzwanzig Stunden lang. Wo immer der Hund war, stank es ganz grauenhaft.

Als Zweites tat sich der Hans ein Reitpferd zu, den Osulf. Er war der Ansicht, dass Reiten die einzige Sportart sei, die man im Sommer in Arosa betreiben könne. Und auch im Winter war es schwierig mit Hobbys. Für jegliche Mitarbeiter in der Hotellerie herrschte nämlich der Grundsatz, man solle nicht Ski fahren. Die Gefahr, sich ein Bein zu brechen, war einfach zu gross. Der Hans machte jeden Tag einen Ausritt und manchmal ritt er sogar zum Bahnhof, um die Gäste zu verabschieden. Die fanden das toll, die Einheimischen hingegen weniger.

…

Unser Konkurrent Wyssmann hatte sofort nach der Übernahme mit den Renovationen am Hotel Tschuggen begonnen. Nicht nur das «Kulm» und das «Tschuggen», sämtliche Hotels in der Schweiz waren damals in einem ähnlichen Zustand: nur teilweise renoviert, nur teilweise schön und hinter den Kulissen fast immer eine Katastrophe. Der Umbau im «Tschuggen» war praktisch fertig, es war irgendwann im November. Ich war gerade in Basel, als es passierte: Ein grosses Feuer brach im «Tschuggen» aus. Es musste am Abend geschehen sein, und es brannte die ganze Nacht lichterloh. Am nächsten Morgen in der Früh rief der Hans an: «Das ‹Tschuggen› ist heute Nacht abgebrannt.» Ich erschrak derart, dass ich meinte, es handle sich ums «Kulm». Der Hans musste drei Mal wiederholen: «Nein, nein, das ‹Tschuggen›, nicht das ‹Kulm›!» Das «Tschuggen» brannte in dieser Nacht komplett aus. Unsere Hauptkonkurrenz fiel plötzlich aus. Eine Tragödie und ein Segen auf einen Schlag.

Wir eröffneten unsere erste Saison am 16. Dezember 1966. Zuerst hatten wir nur ganz wenige Gäste. Jeden Tag kamen ein paar mehr und am 26. Dezember war das Haus gestossen voll. Jedes Supplément-Bett war besetzt, und alles lief reibungslos. Jedes Departement funktionierte. Die Angestellten kamen an, richteten ihre Stationen ein, öffneten die zugenagelten Schränke, nahmen ihr Material heraus und fingen an zu arbeiten. Sogar der Küchenchef, der neu im «Kulm» war, meisterte seine Aufgabe problemlos. Immerhin hatten wir achtzehn Köche und über zwanzig Kellner.

Am Silvester wurde ein Galadiner für zweihundert Personen serviert. Jede Woche gab es einen speziellen Galaabend, an dem eine Sängerin oder ein Entertainer engagiert wurde. Früher waren das grosse Attraktionen gewesen, aber mittlerweile langweilte das die Gäste. Seit es Television gab, konnte man schliesslich viel berühmtere Leute sehen, wann immer man wollte.

Anfang Januar reiste der Grossteil der Gäste wieder ab, und das Hotel war nur noch schwach belegt. In dieser Zeit hielt die Familie Stoffel die Verwaltungsratssitzung im «Kulm» ab, wie jedes Jahr. Etwa um die gleiche Zeit wie das «Tschuggen» abgebrannt war, war unser Präsident Doktor Seiler ganz unerwartet gestorben. Die Stoffels machten sich sofort auf die Suche nach einem Ersatz und fanden jemand Geeigneten: Der Professor Paul Risch hatte ganz frisch das Institut für Fremdenverkehr der Uni Bern übernommen und wurde als «the coming man» beschrieben. Er war noch jung, nicht viel älter als wir.

An besagtem Tag sassen wir also um den Tisch und der neue Präsident eröffnete die Sitzung. Schon nach kurzer Zeit flüsterte ihm einer der Herren Stoffel etwas ins Ohr. Der Professor Risch wurde ganz rot und sagte: «Der Herr Stoffel wünscht, dass die Direktion in den Ausstand tritt.» Selbstverständlich sollten wir uns zur Verfügung halten.

Die nächsten drei Stunden standen wir herum und warteten, dann war die Besprechung zu Ende, und wir waren bei den relevanten Punkten keine Minute dabei gewesen. Der Professor Risch entschuldigte sich nach der Sitzung bei uns und sagte, es ginge seiner Meinung nach natürlich nicht, dass solch wichtige Dinge ohne Beisein der Direktion besprochen würden, und das habe er den Verwaltungsrat auch wissen lassen.

Mit diesem jungen, ehrgeizigen Mann kam wirklich frischer Wind in den Verwaltungsrat, das hatten die Besitzer wahrscheinlich gar nicht erwartet. Er hatte die Situation richtig erkannt und sagte dem Verwaltungsrat wie auch uns klipp und klar, was er vom «Kulm» und der momentanen Situation hielt: «Das ‹Tschuggen›, unsere Hauptkonkurrenz, ist abgebrannt. Es wird wieder aufgebaut, und zwar neu, und das ‹Kulm› bleibt ein alter Kasten.» Die Stoffels kippten fast von den Stühlen, als dieser junge Mann anfing, so von ihrem Hotel zu reden. Der Professor Risch machte ihnen auf jeden Fall klar, dass das «Kulm» völlig überaltert sei und eigentlich ebenso angezündet und neu gebaut werden müsste. Das war natürlich nicht möglich, aber die Stoffels mussten sich jetzt überlegen, was sie machen wollten. Sie mussten tätig werden, sonst würde das «Kulm» neben dem neuen «Tschuggen» untergehen.

Maya und Aisi in Bansin an der Ostsee, 1936.

Maya, Muggi und Aisi im Basler «Eglisee».

Die drei Schwestern mit Buschi Andres.

Zu Weihnachten gab's ein Trottinett und zwei Velöli.

Die Familie Liniger im Sonntagskleid.

Die «Kon-Tiki», das schwimmende Ferienhaus
in der Bucht von Hertenstein.

Auf Salastrains, um 1940.

Der Grossvater mit Frau Kamilla.

Als Primarschülerin in einem von der Mamme gestrickten Kleid.

Aisi mit Andresli.

Muggi, Aisi und Maya auf der Lenzerheide, Winterferien 1947.

Silvesterball im Hotel Schweizerhof auf der Lenzerheide.

Aisi und Hans in der Kulm-Bar, Arosa 1955.

Max und Brigit mit Hans und Aisi auf der Lambretta im Valle Maggia.

Mit Martina, Christian und der kleinen Livia, Zürich 1961.

In der Eigentumswohnung mit Cheminée im Zürcher Seefeld.

Die Kinder als Werbeträger für das neue Hallenbad (Postkarte, 1970).

Ankunft in Arosa 1966, mit den Kindern vor dem «Kulm».

Plausch statt Plüsch: Russische Schlittenfahrt.

Bauernfest im «Kulm»:
Aisi und Maya
in der Basler Tracht.

Mit dem Ehepaar Leu auf Skibob-Safari.

Zirkusabend: Aisi singt «Oh mein Papa».

Im Zeichen der Hippies.

Gala mit Josephine Baker (Mitte).

Musical-Abend: Familienchoreografie zum Lied «Sunnyboy».

«100 Jahre Kulm»-Feier, Winter 1981/82.

Nach Grossmutters Vorbild: Aisis Kostüm zur «100 Jahre Kulm»-Feier.

Aisi und Hans mit Fritz Aegerter.

Vier Generationen: Aisi, die Mamme und Martina mit der kleinen Nina.

Mit Cosimo Citino im «Eden».

Das Aroser «Kulm» um 1960.

Das «Kulm» nach dem Umbau um 1980.

Das «Vieux Manoir» in Murten in den 1990er-Jahren.

Oben: Das Aroser «Eden» in den 2000er-Jahren.
Unten: Der legendäre Kitchen Club.

Christian und Valerie in der Eden-Bar.

Plausch statt Plüsch – und andere Veränderungen

Das «Kulm» war vor und zu Beginn unserer Zeit weltbekannt für seine Bar und sein Dancing. Damals waren Dancings gross in Mode. Die Leute waren begierig darauf, sich zu amüsieren, zu tanzen, das Nachtleben zu geniessen und sich zu betrinken. Das «Kulm» engagierte stets berühmte Bands, jeweils ein Quintett oder Sextett und dazu ein Trio. Dieses spielte während der Pausen der grösseren Formation. Es wurde eine Nonstop-Unterhaltung geboten, den ganzen Abend und bis tief in die Nacht hinein. Die Bands begannen schon am Nachmittag, zum «Thé dansant», das war ebenfalls eine wichtige Sache zu dieser Zeit. Eine der prominentesten Gruppen war das Sextett vom Hazy Osterwald. Der Hazy spielte insgesamt siebzehn Winter lang im «Kulm», am Anfang während der ganzen Saison. In den Wintermonaten wohnte er fest in Arosa, fühlte sich hier zu Hause und dem «Kulm» zugehörig.

Dann wurde er immer berühmter. Jedes Jahr verlangte er mehr Gage pro Tag, sodass er ein Jahr bevor wir im «Kulm» anfingen, bei tausendsechshundert Franken pro Abend angelangt war. Bei unserem Antritt sagte der Doktor Welti zum Hans: «Dieser Hazy, jetzt hat der freche Siech für den nächsten Winter doch tatsächlich zweitausend Franken Gage verlangt. Das ist einfach zu teuer, das kann sich das «Kulm» nicht leisten, das Dancing ist nicht gross genug.» Für das Dancing wurde Eintritt verlangt. Am Nachmittag zum Thé dansant fünf Franken, für Abendveranstaltungen zehn und für den Hazy zwanzig. Da erschrak der Hans sehr: «Das ist aber schlimm für uns, wenn wir den Hazy Osterwald nicht mehr haben. Gerade jetzt, wo wir neu sind.» Und der Hazy war recht beleidigt, als man ihm sagte, er sei zu teuer. Es wurde ein Kompromiss gefunden, und er kam nur noch zwölf Tage im Februar. Die übrige Zeit engagierten wir billigere Bands. Aber immerhin konnten wir sagen: «Der Hazy kommt, der Hazy kommt zur Hochsaison!»

Der Hazy liess sich auch nicht lumpen für sein Geld. Er kam nicht nur mit seinen fünf Musikern, sondern brachte ausserdem zwei Komiker und eine Sängerin mit. Die lieferten eine tolle Show. Der Hazy war die ganz grosse Attraktion und das Dancing bei seinen Auftritten immer gestossen voll. Am ersten Tag nach seiner Abreise spielte eine andere Band. Die war ebenfalls sehr gut und bekannt, aber es kam kein Knochen. Das Dancing war leer. Das war krass, dieser Unterschied. Nach jenem Winter engagierten wir den Hazy nicht mehr. Er verstand, dass das «Kulm» kein Etablissement war, das derart hohe Beträge bezahlen konnte. Seine Karriere war zunehmend erfolgreich und seine Gagen stiegen weiter. Wir hatten von da an jedoch Probleme, das Dancing zu füllen. Wir buchten andere bekannte Bands und gaben viel Geld aus für Musik, doch es lief nicht mehr gleich gut.

...

Unsere erste Wintersaison schlossen wir erfolgreich ab. Zum ersten Mal war ein Umsatz von zwei Millionen überschritten worden.

Auch die Betriebskosten vom Vorjahr konnten wir fast halten. Wir waren äusserst zufrieden mit unserem Resultat und der Verwaltungsrat offensichtlich ebenso. Mittlerweile hatten wir den Hotelbetrieb gut im Griff und kannten das Personal, all die zahlreichen Leute, die bei uns arbeiteten. Wir hatten die vielen Stammgäste kennengelernt, die zum Teil bereits in zweiter oder gar dritter Generation jedes Jahr kamen, die als Kinder schon mit ihren Eltern und Grosseltern hier gewesen waren und jetzt ihre Kinder und Enkel einluden. Das waren teilweise grosse Familien. Zum Beispiel der Big Boss der Firma Volvo aus Schweden, der kam jeden Winter zwei oder drei Wochen und brachte seine fünf schönen und eleganten Töchter mit. Oder ein persischer Minister, dessen Töchter ich die ersten richtigen Miniröcke tragen sah. Überhaupt kamen viele interessante und anregende Leute, es war ungemein spannend.

Bereits in unserer ersten Saison führten wir zwei Neuerungen ein, die in der Luxushotellerie damals noch nicht gängig waren. Zu diesem Zeitpunkt wurde in den Gastrobetrieben ein Teil des Personals nach dem Trinkgeld- oder Servicesystem entlohnt. Das heisst, auf die Hotel- und Restaurantrechnungen wurde ein Servicezuschlag von zehn, zwölf oder sogar fünfzehn Prozent erhoben und separat in einen sogenannten «Tronc» verbucht. Dieses Geld gehörte nicht dem Betrieb, der Tronc wurde am Ende des Monats unter dem Personal aufgeteilt. Alle Mitarbeiter aus dem Restaurant, der Etage oder von der Loge, also die «Voituriers», Telefonisten und «Chasseurs», bekamen zwischen zwanzig und fünfzig Franken Grundlohn pro Monat, dazu kam ein Anteil des Tronc.

Die Aufteilung dieses Tronc war ziemlich kompliziert, sie funktionierte nach einem Punktesystem und war je nach Betrieb unterschiedlich. Der Oberkellner hatte zum Beispiel zwölf Punkte, der zweite Oberkellner neun, der Chef de rang, das ist derjenige, der am Tisch bedient, fünf, und der Commis, der die Speisen aus der Küche zum Guéridon bringt und wieder abräumt, hatte zwei Punkte. Wenn die Punkte aller Angestellten zusammen beispielsweise fünfzig ergaben und im Tronc Ende Monat fünftausend Franken lagen, war jeder Punkt hundert Franken wert. Folglich bekam der Commis zweihundert Franken und der Oberkellner tausendzweihundert. Je nach geleisteten Arbeitstagen natürlich. Die Réception und die Küche sowie alle hinter den Kulissen arbeitenden Angestellten hatten Fixlöhne zwischen zweihundert und dreihundert Franken im Monat. Der Concierge arbeitete auf separate Rechnung.

Auf jeden Fall schafften der Hans und ich dieses Tronc-System ab. Alle unsere Angestellten hatten einen angemessenen Fixlohn. Am Anfang brachte diese Umstellung dem «Kulm» einen Wettbewerbsnachteil, weil die Preise inklusive Trinkgeld auf den ersten Blick doch höher schienen als in ähnlichen Betrieben. Aber das pendelte sich rasch ein.

Ausserdem führten wir Tellerservice ein. Bis anhin wurde das Essen in der Küche auf einer Platte arrangiert, der Commis brachte es zum Guéridon. Dort richtete der Chef de rang die Teller an und servierte sie. Das war uns ebenfalls zu kompliziert, und von nun an wurden die Teller in der Küche vorbereitet und dem Gast direkt serviert. Die Köche richteten die Teller nämlich bedeutend schöner an als die Kellner, die am Tisch umständlich mit Servierbesteck hantieren mussten. Diese Änderung stiess zu Beginn auf Widerstand, allerdings weniger bei den Gästen als bei unseren Berufskollegen aus der Luxushotellerie. Das sei nicht «comme il faut».

Es ist interessant, was für eine ausgeprägte, aber eigentlich etwas seltsame Hierarchie im Mitarbeiterstab herrschte. Bei dieser Trinkgeld-Geschichte kam das besonders deutlich zum Ausdruck. Kleinere und grössere Privilegien waren überall institutionalisiert und zeigten einen gewissen Rang des dazu Berechtigten. Unter den Köchen herrschte eine fast noch extremere Rangfolge, vom Küchenchef bis zum letzten Commis, als bei den Kellnern im Restaurant. In grossen Hotels gab es zuunterst in der Hierarchie, unter dem letzten Commis, sogar einen extra Personalkoch, weil die Köche nicht für das Personal kochen wollten. Dieser Personalkoch konnte oft nicht besonders gut kochen und bereitete das zu, was er wollte. Dementsprechend mies war das Personalessen in der Regel. Dazu kamen die verschiedenen Nationalitäten der Mitarbeiter, die unterschiedliche Essensgewohnheiten und -wünsche hatten und auch deshalb oft mit dem Angebot unzufrieden waren.

Ich engagierte mich immer wieder persönlich für eine bessere Mitarbeiterverpflegung, mit wenig Erfolg. Erst als wir Mitte der Siebzigerjahre das neue «Kulm» bauten, mit einem Personalrestaurant mit Selbstbedienung und einem breiteren Angebot, sollte es uns gelingen, diese bedeutsame Aufgabe besser zu lösen. Schliesslich ist es etwas vom Wichtigsten, dass das Personal, das so viel und lange arbeitet, anständig isst.

...

Die Kinder lebten sich rasch ein in Arosa. Sie wurden sofort von den Nachbarskindern aufgenommen und in das Dorfleben integriert. Ich hatte leider nicht mehr viel Zeit für sie. In Zürich hatte ich nicht gearbeitet, nun aber hockte ich ständig in diesem Hotel. Das schlechte Gewissen, auf beiden Seiten nicht präsent genug zu sein, plagte mich, und die Gesellschaft verurteilte mich aufgrund meines Engagements im Hotel als Rabenmutter. Obwohl, dieser Titel war nicht neu, den hatte ich mir ja schon eingefangen, als die Kinder noch ganz klein waren.

Ich hatte geglaubt, dass ich durch die Hochzeit, als verheiratete Frau, endlich das Leben einer eigenständigen Persönlichkeit führen könnte. Das Leben als vollwertiges Mitglied der Gesellschaft, das einem als lediges Mädchen vorenthalten blieb. Doch schon meine erste Schwangerschaft war mir vorgekommen wie eine Falle. Durch meine Rolle als Mutter und Hausfrau hatte ich mich wieder am selben Ort befunden wie vor der Heirat: am Rande der Gesellschaft – dort, wo ich nicht sein wollte. Aber das bedeutete nicht, dass ich meine Kinder nicht gern hatte. Es gab damals eine offizielle Sichtweise, was eine gute Mutter ausmachte: Eine gute Mutter gab alles für ihre Kinder, lebte durch ihre Kinder und den

Ehemann. Sich selbst und ihr Wohlbefinden hatte sie zurückzustecken. Entsprach sie diesem Bild nicht, galt sie als Rabenmutter. Das machte mich wütend, dagegen wehrte ich mich. In der Tat erfüllte ich diesen Anspruch nicht, aber ich wollte auch gar keine solche Mutter sein. Meine eigenständige Persönlichkeit war mir wichtig. Eine Rabenmutter war ich deshalb noch lange nicht. Natürlich lief nicht alles ideal, war das Leben im Hotel für die Kinder nicht immer einfach, und ich würde heute einiges anders machen, aber ich liebte meine Kinder und gab mein Möglichstes. Doch natürlich war ich überfordert und gestresst und dadurch wiederum unzufrieden.

Leider eröffnete mir die Frau Ledwinka am Ende der ersten Saison, dass sie in Zukunft nicht mehr das Kinderparadies betreuen und unsere Kinder hüten wolle, sondern dass sie sich gerne stärker in den Hotelbetrieb einbringen würde, das interessiere sie viel mehr. Wir mussten uns auf die Suche nach einem neuen Kindermädchen machen, und ich muss leider sagen, dass es mit keinem mehr funktionierte. Vor allem der Christian kam mit keiner dieser Frauen, die nach der Frau Ledwinka kamen und ihn betreuen sollten, zurecht. Und auch die beiden Mädchen mochten keine mehr. Sie wollten sich nicht schon wieder auf jemand Neues einlassen. Das machte die Situation in der Familie nicht gerade einfacher.

Glücklicherweise kam im Januar unserer ersten Saison die Maya nach Arosa. Die Maya war zehn Jahre lang mit dem Nikki Kornfeld verheiratet gewesen und liess sich scheiden, nachdem sie den Fritz Aegerter kennengelernt hatte. Sie zog beim Nikki aus und nahm sich mit dem Fritz eine Wohnung. Der Fritz war Jurist, hatte zehn Jahre lang ein eigenes Geschäft geführt und jetzt, mit vierzig Jahren, beschlossen, dass er nicht mehr arbeiten wolle. Er verkaufte sein Geschäft und die beiden kamen im Januar nach Arosa und mieteten ein kleines Häuschen. Solange wir im «Kulm» waren, lebten sie im Winter jeweils ebenfalls in Arosa. So verbrachten die Kinder viel Zeit bei der Maya, sie wurde quasi zu einer Zweitmutter. Und ich war ebenfalls froh, meine Schwester in der Nähe zu haben.

Es kamen auch alle anderen Verwandten zu Besuch. Dann, wenn das Hotel nicht ausgebucht war. Sie zahlten den Minimalpreis und stopften uns so die Löcher. Das «Kulm» wurde, das zeichnete sich schon im ersten Winter ab, zum beliebten Familientreffpunkt.

...

Ich würde sagen, dass vor allem zwei Ereignisse unseren Erfolg im «Kulm» massgeblich beeinflussten. Auf der einen Seite der Tod unseres Präsidenten und die Nachfolge durch einen jungen, ehrgeizigen Tourismusfachmann, der eine ganz neue Art von Unternehmenskultur und Umgang in den Verwaltungsrat brachte und uns massgeblich unterstützte. Und auf der anderen Seite der Brand im «Tschuggen», das danach mehrere Jahre als Konkurrenz ausfiel. Dass diese beiden Begebenheiten zur selben Zeit stattfanden, just am Anfang unserer Direktion im «Kulm», stellte die

Weichen entscheidend. Ohne diese Vorkommnisse hätten wir niemals so funktionieren können, wie wir das nachher taten. Wir wären niemals gegen den Verwaltungsrat angekommen, der, wie gesagt, noch sehr auf alten Positionen beharrte und der nie zugestimmt hätte, eine wirklich grosse Anlage zu tätigen und fundamentale Veränderungen in der Unternehmensstrategie zuzulassen. Natürlich wurde immer wieder in das Hotel investiert. Die Stoffels zahlten sich keinen Gewinn aus, sie setzten alles, was verdient wurde, sofort wieder ein. Einmal wurde ein Personalhaus gebaut, eine Kegelbahn und ein Bridge-Raum, in einem anderen Jahr wurden sechs Zimmer renoviert. Aber über eine grundsätzliche Erneuerung wurde nicht einmal nachgedacht.

Jetzt war die Situation völlig anders und die Stoffels waren auf einen Mann wie den Professor Paul Risch sicher nicht vorbereitet gewesen. Er wusste, welche Entwicklungen in der Hotelbranche gerade stattfanden, und vertrat diese mit einer gewissen Autorität. Bald schon präsentierte er die Idee, eine Gesamtplanung zu erstellen und das «Kulm» in mehreren Etappen renovieren zu lassen, um es auf einen neueren, besseren Stand zu bringen.

Direkt nach dem Ende unserer ersten Saison beschloss der Verwaltungsrat eine Sitzung in Bad Ragaz abzuhalten. Eine der Stoffel-Töchter rief den Hans an und lud ihn zu der Sitzung ein. Da sagte der Hans: «Wir verreisen dann, unsere Ferien sind bereits geplant. Sie können uns Ihren Beschluss nachher schriftlich mitteilen. Ich verschiebe meine Ferien nicht, um in der Halle auf Ihren Bericht zu warten.» – «Nein, nein, das kommt nicht mehr vor! Wir brauchen Sie, Sie müssen Ihre Ferien unbedingt um einen Tag verschieben und an dieser Sitzung dabei sein. Es geht jetzt darum, was mit dem ‹Kulm› passieren soll unter diesen völlig neuen Umständen.» Wir verschoben unsere Ferien also, und es wurde in der Tat eine wichtige Sitzung. Wir kippten fast vom Stuhl, als die Stoffels uns ihre Entscheidung mitteilten: Sie hatten keine Lust, das Hotel zu renovieren, viel Geld zu investieren und ein hohes Risiko einzugehen. Nach unserer ersten Saison in der Direktion sollte das «Kulm» bereits verkauft werden.

•••

Unsere Ferien dauerten nicht lange, wir hatten nämlich etwas Wichtiges vor. Der Hotelierverein hatte erkannt, dass die Ausbildung an der Hotelfachschule, die sich einzig auf Küche, Service und Administration konzentrierte, nicht mehr ausreichte und neue, zusätzliche Weiterbildungen nötig wurden. Er schuf neue Strukturen und gründete das Unternehmerseminar, als Fortsetzung der Grundausbildung. Es sollte jedes Jahr zweimal stattfinden, immer in der Zwischensaison, und dauerte jeweils drei Wochen plus einige Wochenenden unter dem Jahr. Insgesamt gab es vier Kurse. Es war wirklich ein Krampf. Aber sobald wir davon erfuhren, schauten der Hans und ich uns an, sagten: «Gott sei Dank, endlich!», und meldeten uns sofort an.

Der erste Kurs fand im Frühling 1967 kurz nach Saisonende auf dem Gurten in Bern statt. Wir fanden ihn äusserst spannend. Unterdessen waren die ersten Bücher über Managementmethoden veröffentlicht worden, das gab es vorher nicht, und wir waren begierig darauf, alles zu lernen. Es war viel Stoff und absolutes Neuland für uns. Neben uns nahmen rund dreissig andere Hoteliers am Seminar teil. Ich fühlte mich wieder ein bisschen wie in der Schule. Es entstand ein Gruppengeist, ein Zusammengehörigkeitsgefühl, es war sehr anregend.

Einer der Kursteilnehmer war der Fred Feldpausch, vom Kleidergeschäft Feldpausch. Er besass und führte ein Hotel in Locarno, das Hotel Muralto, direkt an der Promenade. Wir freundeten uns mit ihm an, und er erzählte uns, er suche ein Hotel für den Winterbetrieb, denn das «Muralto» war nur im Sommer geöffnet. Der Hans berichtete ihm, dass das «Kulm» verkauft werden solle, und nur kurze Zeit später stand der Fred Feldpausch mit seinem Vater, Anwälten und Beratern in Arosa, um sich das «Kulm» anzuschauen. Unser Präsident war ebenfalls vor Ort, er fungierte als Verkäufer. Die Feldpauschs machten der Familie Stoffel innert kürzester Zeit ein Angebot von fünf Millionen für das Aktienpaket, inklusive aller Aktiven und Passiven. Allerdings hatte das «Kulm» keine grossen Schulden.

Es gab wieder eine Verwaltungsratssitzung und der Professor Risch empfahl dringend, die Offerte anzunehmen, er betrachtete es als ein äusserst gutes Angebot. Aber der Verwaltungsrat war nicht dieser Meinung: «Wir verschenken doch das ‹Kulm› nicht!» Er lehnte den Vorschlag ab. Danach tauchten immer wieder Interessenten mit den seltsamsten Ideen auf, was man mit diesem Haus alles machen könnte, aber es gab keine einzige konkrete und verbindliche Offerte mehr, nicht einmal eine tiefere. Die Stoffels waren ziemlich ernüchtert, damit hatten sie nicht gerechnet.

In unserem zweiten Sommer, dem Sommer 1967, hatten wir uns langsam ein bisschen besser organisiert und eingerichtet. In der neuen «Cuolmetta» war neben einer Kegelbahn auch ein Office eingebaut worden, das konnten wir in der Zwischensaison, wenn die Hotelküche geschlossen war, als unsere private Küche gebrauchen. Es lag zwar relativ weit entfernt von unserer Wohnung, war jedoch immer noch komfortabler als dieser schreckliche Kuriersaal, den wir im ersten Sommer benutzen mussten.

Unser Leben war im Sommer viel entspannter als im Winter. Natürlich hatten wir zu tun, wir hatten kein Personal und die Wintersaison musste organisiert werden, aber wir hatten den Druck nicht, der bei geöffnetem Hotel auf einem lastet. So versuchten wir, im Sommer möglichst viel mit den Kindern zu unternehmen, um die fehlende Zeit während des Winters wenigstens einigermassen wieder wettzumachen.

Der Verwaltungsrat hatte einen Flügel für die Bar gekauft, den durfte ich im Sommer benutzen. Der Pfarrer erzählte mir von einem neuen Organisten in der Kirche, der mich unterrichten könne. Er sei zwar ein eigenwilliger, spezieller Mensch, aber ein echt begabter Musiker. So lernte ich den Hannes Meyer kennen, der ein sehr guter Freund wurde. Er nahm mich sofort gefangen mit seiner Art, wie er sich gab und wie er redete. Ich fing also wieder an, Klavier zu spielen, dieses Mal ernsthaft. Im Sommer übte ich mindestens zwei Stunden täglich.

Die Primarlehrer von Arosa hatten wir zwar über die Kinder schon kennengelernt, doch zu Freunden wurden sie durch den Hannes Meyer. Er rief einen Chor ins Leben, in dem ich mit fast allen Lehrern zusammen sang. Später gründete er weitere Chöre, bei denen ich oft ebenfalls mitwirkte. So fand ich auch wieder zurück zum Gesang. Das «Kulm» bot sich natürlich an, und die Chorproben fanden oft in einem der leeren Räume statt. Ich fing dann auch an solo zu singen mit dem Hannes. Die Zeit im «Kulm» war musikalisch wahrscheinlich meine intensivste Zeit.

...

Die zweite Wintersaison 1967/68 meisterten wir schon deutlich besser. Wir waren versierter in der Führung des Hotels, und ausserdem hatten wir bereits zwei Kurse des Unternehmerseminars des Hoteliervereins hinter uns: Personalwesen und technische Einrichtungen, das hiess Unterhalt und Renovationen eines Hotels. Wir konnten immer deutlicher erkennen, was für grosse Probleme das «Kulm» hatte. Es war ein altes Haus, dessen verschiedene Gebäude völlig zusammengewürfelt waren. Zuvorderst standen die beiden Walserhäuser, der Ursprung des «Kulm», mit dem Verbindungsbau. Daran anschliessend kam der vierstöckige Mittelbau und dahinter befand sich ein neuerer, fünfstöckiger Betonbau aus dem Jahr 1929 vom Professor William Dunkel. Ein viertes Gebäude, der «Bergfried», war eigentlich der erste Anbau des «Kulm» gewesen und hatte früher direkt hinter den alten Walserhäusern gestanden. Als aber 1929 der Dunkel-Bau errichtet wurde, stellte man den «Bergfried» auf Schienen und schob ihn nach hinten, an den Berg heran, sodass er jetzt das hinterste Gebäude des «Kulm» darstellte. Kurzum, es sah alles sehr seltsam aus. Die Gebäudeteile waren unterschiedlich hoch und bestanden aus verschiedenen Materialien. Das «Kulm» war ein Konglomerat.

Unser Präsident Risch wurde nicht müde, die Besitzerfamilie darauf hinzuweisen, wie wichtig es sei, die Hände nicht in den Schoss zu legen. Da sich bis zu diesem Zeitpunkt noch kein Käufer gefunden hatte, wiederholte er seinen Vorschlag, das «Kulm» in mehreren Etappen renovieren zu lassen. Nachdem wir die zweite Saison wirtschaftlich erfolgreich abgeschlossen hatten und die Stoffels merkten, dass das Haus unter unserer Führung gut lief und wir die Kosten im Griff hatten, trat die Idee, das «Kulm» zu verkaufen, mehr und mehr in den Hintergrund.

Der Architekt Georg Rudolf entwickelte im Laufe unseres dritten Jahres ein Gesamtkonzept. Der Dunkel-Bau sollte renoviert und in ein neues Projekt integriert werden. Die leicht geschwungene Fassade wollte er aufnehmen und sie nach vorne in den neuen Teil des Gebäudes ziehen. Diese, die Südfassade, hat das «Kulm» noch heute. Der alte Teil und der Mittelbau sollten abgerissen, fünfstöckig wieder aufgebaut und mit dem Dunkel-Bau verbunden werden.

Als erste Etappe war ein Hallenbad geplant. Das Kegelstübli sollte zu einer Taverne ausgebaut werden, die sich nur durch eine

Glaswand getrennt direkt an das Hallenbad anschloss. Darunter sollte eine Abteilung für Wellness entstehen. Das hiess dazumal natürlich noch nicht Wellness und war eine sehr fortschrittliche Idee. Man plante Massageräume, eine Sauna, einen Coiffeursalon und sogar einen kleinen Laden, der die Gäste mit allem Möglichen versorgen sollte.

Selbstverständlich hatten wir immer ein Auge auf die Entwicklungen im «Tschuggen». Der Herr Wyssmann gab sich zwar bedeckt, aber wir wussten, dass er das «Tschuggen» rund vier Jahre nach dem Brand wiedereröffnen würde. In Arosa baut man nur im Sommer. Im Winter dürfen nur interne Arbeiten ausgeführt werden, Heizungs-, Sanitär- und Elektroinstallationen. Alles, was von aussen sichtbar gebaut oder renoviert wird, muss im Dezember fertig sein oder eingestellt werden.

...

Es war jedoch nicht nur unser Präsident Paul Risch, der immer wieder darauf aufmerksam machte, dass wir uns weiterentwickeln müssten, dass wir nicht modern seien und hinterherhinkten, sondern auch unser Schwager Fritz Aegerter. Kaum waren die Maya und er in Arosa angekommen, begann sich der Fritz für den Betrieb zu interessieren und seine Ideen einzubringen. Der Fritz liebte Diskussionen. Er nahm immer, und zwar aus Prinzip, die Gegenposition ein. Und das war sehr entscheidend für unsere Karriere. Er machte uns auf Dinge aufmerksam, die uns selber nicht aufgefallen wären.

Die Hotellerie in der Schweiz war zu diesem Zeitpunkt etwas eingeschlafen. Die Hoteliers hatten keine eigenen, neuen Ideen, alle verfolgten die klassischen Modelle. Ein gutes Luxushotel musste möglichst traditionell, steif und gediegen sein. Genauso war es auch im «Kulm». Der Fritz fing also sofort an, sich einzumischen, und wir baten ihn sogar darum. Als Erstes kümmerte er sich um unser Logo, das fand er zu altmodisch. Die Arosa-Sonne musste weichen und er konzipierte etwas Neues, ein paar weisse Tännli vor blauem Himmel. Das wurde der Anfang einer langen und intensiven Zusammenarbeit. Die guten Ideen kamen fast immer vom Fritz, manchmal von mir. In der Umsetzung hingegen war der Hans unschlagbar. Wir waren ein tolles Team.

Der Fritz war der Ansicht, dass dieses «Luxushotel-Gebaren», wie er es nannte, vorbei sei. Dass die Leute das nicht mehr schätzten und man neue Ideen brauche. Er stellte sich und uns zwei grundlegende Fragen: «Was wollen unsere Gäste?» Und: «Was bieten wir unseren Gästen?» Die Antworten auf diese beiden Fragen klafften weit auseinander. Wir überlegten uns, was wir für ein Angebot entwickeln könnten, das für die Gäste neu und spannend wäre. Immer mit einem Seitenblick auf unsere Hauptkonkurrenz, das «Tschuggen». Wir fragten uns erstens, was für Möglichkeiten unser altes «Kulm» bot, und zweitens, was unsere Stärken ausmachte, was uns von der Konkurrenz unterschied. Wir, insbesondere der Hans, liebten den Kontakt zu den Gästen, pflegten ihn intensiv und merkten rasch, wie sehr sie eine persönliche Betreuung schätzten. Der Fritz sagte immer: «Für den Gast gibt es nur ein wirklich wichtiges Wort: seinen eigenen Namen.» Das nahmen wir uns zu Herzen.

Dass die Blütezeit der Dancings vorüber war, war uns bewusst geworden. Zudem hatten die Räumlichkeiten ihre besten Jahre hinter sich, sie sahen eher aus wie eine Bauernstube, nicht wie eine schicke Bar. So kam der Fritz auf die Idee, dass wir dort ein Bauernfest machen könnten. Wir dekorierten alles, legten Stroh auf den Boden, stellten kleine Karren auf, die mit irgendwelchen bäuerlichen Sachen gefüllt waren, und boten ein themenbezogenes Nachtessen an, eine Berner Platte zum Beispiel. Für die Maya und mich bestellte ich Basler Trachten beim «Kostüm-Kaiser» und der Hans liess sich eine Appenzeller Tracht kommen, mit den typischen gelben Hosen, dem roten Gilet und dem Hut mit dem Blumenkranz. Zum Abschluss des Abends tanzten der Hans und ich einen kleinen Ländler und sangen einen Jodler.

Das erste Bauernfest war ein ziemlicher Flop, obwohl sich der Hans die Zeit nahm und jedem Gast einzeln nachrannte, um ihn zum Kommen zu überzeugen. Aber allmählich fingen die Leute an, das lustig zu finden, die Teilnehmerzahl nahm zu. Von da an hielten wir das Bauernfest regelmässig ab, und es kamen weitere Shows und Feste hinzu, die in diese Bar hineinpassten, zum Beispiel das «Bayrische Bierfest» oder das Käsebuffet.

Das Wichtigste an diesen Veranstaltungen war, dass wir uns persönlich einbrachten. Wir hatten immer einen Auftritt. Das war völlig neu, das kannte man noch nicht. In der Regel sass der

Direktor eines Luxushotels in seinem Büro, die Unterhaltung wurde von einem sogenannten «Maître de plaisir» übernommen. Einen solchen hatten wir im ersten Jahr auch engagiert gehabt, hatten aber rasch gemerkt, dass die Gäste das nicht mehr schätzten. Die einzige Antwort auf die Frage, wer die Aufgabe des Maître de plaisir übernehmen könnte, war, dass wir das selber machen mussten.

Eine weitere Schwierigkeit war die Weihnachtsveranstaltung. Unsere Gäste wollten sich amüsieren, doch an allen hohen Feiertagen, also Weihnachten, Ostern und Pfingsten, herrschte Tanzverbot. Am 24. Dezember tanzten sie bis um Mitternacht, dann musste die Musik auf einen Schlag abgestellt werden. Ein bisschen Salonmusik war erlaubt, aber die Gäste sassen herum und langweilten sich. Am Abend des 25. Dezember setzten sie sich in die Bar und warteten sehnsüchtig darauf, dass es endlich Mitternacht schlug und die Musik weiterspielte.

Da besannen der Hans und ich uns auf unsere alten Familien-Weihnachtsbräuche zurück und veranstalteten anstelle des Wartens auf Mitternacht am 25. Dezember eine Weihnachtsfeier wie zu Hause. Ich spielte mit dem Hannes Meyer vierhändig auf dem Klavier und sang etwas Weihnachtliches, der Hans las die Weihnachtsgeschichte vor und alle zusammen, Gäste und Personal, sangen zum Abschluss «Stille Nacht, heilige Nacht». In manchen Jahren organisierten wir zudem eine Waldweihnacht, in der Nähe des Hotels. Ein von Kerzen gesäumter Weg führte zu einer Lichtung, auf der ein geschmückter Tannenbaum stand. Dort wurde Glühwein serviert und wir sangen Weihnachtslieder mit den Gästen.

Damals machte der Club Méditerranée, der in den Fünfzigerjahren gegründet worden war, grosse Schlagzeilen. Das war eine ganz neue Idee, ein absoluter Gegensatz zur Luxushotellerie und zur etablierten traditionellen Hotellerie überhaupt. Das Angebot in diesen Clubs war sehr reduziert und die Preise waren günstig. In einem der ersten schlief man sogar in Zelten. Aber dieses Konzept schlug ein wie eine Bombe, und die Anzahl der Clubs wuchs explosionsartig. Sie sicherten sich überall in Europa die schönsten Buchten und Strände, grosse Terrains, und bauten dort ihre Feriensiedlungen, teilweise für bis zu tausend Personen.

Einmal im Sommer fuhren wir mit den Kindern in einen solchen Club, weil wir uns das anschauen wollten, und waren beeindruckt. Es war zwar etwas primitiv, aber alles war tipptopp sauber. Wir beobachteten genau, wo überall Geld gespart wurde. Man konnte zum Beispiel nur eine ganze Woche buchen, es gab nur einen An- und Abreisetag. Oder beim Service: Diese Clubs waren die Ersten, die grosse Buffets einführten, an denen sich der Gast selbst bedienen konnte. Ihr Kernstück war ein umfassendes Sport- und Unterhaltungsangebot, das im Preis inbegriffen war und das die Leute intensiv nutzten. Was uns besonders gefiel, war der Clubcharakter, der Gedanke, dass der Gast Teil des Ganzen ist, dazugehört und integriert wird. Wir kamen von dieser Ferienreise voller neuer Ideen zurück, die wir aufgriffen, an die Bedürfnisse unserer Gäste anpassten und im Laufe der Jahre weiterentwickelten. Zum Beispiel führten wir das Frühstücksbuffet ein, als erstes Luxushotel der Schweiz. «Plausch statt Plüsch» wurde unser Motto, denn es war tatsächlich noch so, dass die meisten unserer Kollegen in Anzug und Krawatte herumwuselten, die Plüschsofas zurechtrückten und es gar nicht goutierten, wenn der Hans und ich in lockerer Kleidung an irgendeinem Hotelieranlass erschienen.

...

1968 besuchten wir den dritten und vierten Kurs unseres Unternehmerseminars, im Frühling Rechnungswesen/Buchhaltung, im Herbst Betriebsführung. Im November stand die grosse Prüfung an, am Schluss sollte ein Diplom verteilt und das beste Ergebnis an einer Siegerehrung prämiert werden. Die Tests waren vorbei und zwei Herren aus dem Gremium kamen auf mich zu, ganz diskret, und gratulierten mir. Ich hatte das beste Prüfungsresultat erzielt. Dann traten sie auf die Bühne und erklärten, dass keine Rangfolge bekannt gegeben und die Resultate nicht veröffentlicht würden. Ich war entrüstet. Meine Interpretation ist diese: Ich war die einzige Frau im Kurs und hatte die beste Prüfung abgelegt. Das konnten die Männer nicht ertragen. Das ist zwar nur eine Interpretation, aber ich kann keinen anderen Grund erkennen. Natürlich gab es eine grosse Feier, im «Schweizerhof» in Bern. Es kam sogar der Präsident des Hoteliervereins.

Wir gründeten dann den VDH, den «Verein diplomierter Hoteliers-Restaurateure». Zweck dieses Vereins war, das Diplom, das wir nach dem Kurs bekommen hatten, zu schützen. Das war ja kein eidgenössisches Diplom. Am Anfang zählten wir vierundzwanzig Mitglieder. Zuerst fand alle zwei Jahre, später jedes Jahr, ein neuer Kurs statt, den jeweils etwa dreissig Personen absolvierten. Mit dem Abschluss traten alle automatisch dem VDH bei, sodass die Anzahl der Mitglieder rasch wuchs. Heute sind es über tausendfünfhundert.

Ich wurde also die erste diplomierte Hotelière der Schweiz. Es nahmen auch an den nachfolgenden Kursen nur wenige Frauen teil, aber die Anzahl stieg doch langsam an. Nicht, dass das honoriert worden wäre. Die Männer waren nach wie vor gar nicht erpicht darauf, einer Frau zu Ansehen und Ehre zu verhelfen. Bald schon wurden die ersten Ehrenmitglieder des VDH ernannt, zum Beispiel der Eugen Hangartner, der jahrelang Präsident des gesamten Vereins war, oder auch der Hans, der ebenfalls ein äusserst aktives Mitglied war. Dazu kamen viele weitere Herren. Es wäre jedoch nie jemandem in den Sinn gekommen, mich vorzuschlagen. Immerhin wurde ich vor ein paar Jahren doch noch zum Ehrenmitglied gewählt. Es wurde anerkannt, dass ich die erste diplomierte Hotelière der Schweiz bin und somit eine Pionierin. Selbst wenn es dreissig Jahre dauerte, war dies doch noch eine kleine Genugtuung.

...

Unsere dritte Saison im Winter 1968/69 war der absolute Tiefpunkt. Obwohl wir frisch diplomiert, mit neuen Kenntnissen und voller Enthusiasmus in den Winter starteten, ging alles schief, was schiefgehen konnte. Wir hatten einen neuen Küchenchef engagiert, der sich aber rasch als totale Niete entpuppte, und der zudem soff. Seine Küche hatte er hinten und vorne nicht im Griff, und schon am 6. Januar, nachdem die erste Hochsaison vorbei war, warfen wir ihn raus. Da standen wir nun ohne Küchenchef. Den ganzen Januar hindurch leitete der Souschef die Küche, der leider ebenfalls ziemlich schwach war. Wir stellten mit ihm Menus zusammen und kauften nur die teuersten Produkte. Trotzdem reklamierten und schimpften die Gäste schauderhaft.

Da fuhr der Hans auf den Bürgenstock. Er kannte den Küchenchef der Restaurants der drei Bürgenstock-Hotels. Im Winter waren diese Hotels geschlossen und der Hans fiel sozusagen vor ihm auf die Knie: «Bitte, bitte Herr Rüegsegger, helfen Sie uns, wir sind am Verzweifeln!» Der Herr Rüegsegger sagte zu, ab dem 1. Februar für einen Monat während der Hochsaison die Küche zu übernehmen. Obwohl er das gar nicht nötig gehabt hätte, er hatte eine Jahresstelle und war sehr gut bezahlt. Er verlangte für den einen Monat viertausend Franken. Ein Salär in einer Höhe, das unseres Wissens bis zu diesem Zeitpunkt in der Hotellerie noch keiner gefordert hatte. Aber wir stimmten dem selig zu.

Am 1. Februar übernahm der Herr Rüegsegger und es änderte sich schlagartig alles. An diesem Tag ging ich an der Küche vorbei, und es war so leise, dass ich die Türe aufmachte, um zu schauen, ob überhaupt jemand da war. Alle waren hochkonzentriert an der Arbeit, ganz im Gegensatz zu dem Riesenchaos, das vorher in der Küche geherrscht hatte. An diesem 1. Februar, das vergesse ich nie mehr, gab es Bitoc de veau. Das sind kleine Koteletts, die man aus gehacktem Kalbsfleisch macht. Im Gegensatz zu all den teuren Sachen, die wir bis anhin gekauft hatten, formte er aus Hackfleisch Koteletts und servierte diese an einer Champignon-Rahmsauce. Selten schmeckte mir etwas derart gut wie dieses Gericht. Der Herr Rüegsegger rettete unsere Hochsaison und blieb bis Anfang März. Das Saisonende bestritten wir wieder mit dem Souschef, aber der Herr Rüegsegger hatte vor seinem Weggang alles gut organisiert, und so ging das einigermassen. Und die viertausend Franken rentierten sich, nur schon dank des viel geringeren Warenaufwands.

In diesem Winter fing der Wyssmann an, Werbung für sein neues «Tschuggen» zu machen. Das Hotel sollte im übernächsten Winter eröffnet werden, und er begann, unser Personal und unsere Gäste abzuwerben. Jede Woche lud er eine kleine Gruppe von «Kulm»-Gästen in die «Stüva» ein, das kleine Restaurant neben der Eisbahn, das zum «Kulm» gehört, und versuchte so, sie zu überzeugen, in Zukunft ins «Tschuggen» zu kommen. Auf jeden Fall brachte er uns in diesem Winter guten Umsatz in der «Stüva». Viele unserer Gäste, zumindest die, die im Dezember und Januar bei uns waren, waren aufgrund des Küchendebakels sauer. Wir mussten also wirklich befürchten, dass sie in Scharen abwandern und wir einen massiven Einbruch erleiden würden. Im darauffolgenden Winter richtete der Herr Wyssmann im Rohbau des neuen Hotels sogar ein Musterzimmer ein, um noch besser auf Kundenfang gehen zu können.

Im Dezember 1970 eröffneten Wyssmanns das «Tschuggen», und es zeigte sich rasch, dass wir uns ganz umsonst Sorgen gemacht hatten. Diese Zeit, die Sechzigerjahre und auch noch ein Grossteil der Siebzigerjahre, war eine absolute Boomzeit für Wintersport. Es füllten sich ganz einfach beide Hotels. Wir hatten keinerlei Einbussen, das «Kulm» war voll wie eh und je, und das «Tschuggen» war in der Hochsaison von Anfang an ebenfalls ausgebucht.

Das war schon eine unglaubliche Zeit damals. Dieser Ansturm von Gästen, davon kann man heute nur noch träumen. Die Leute hatten eine solche Vergnügungssucht. Vor allem die Deutschen. Nach dem Krieg erholte sich die Wirtschaft, und Europa ging es relativ rasch besser. Damit hatte man nach dem Ersten Weltkrieg, der grossen Krise in den Dreissigerjahren und dem Zweiten Weltkrieg nicht gerechnet. Die Fünfzigerjahre waren die Anlaufzeit, und in den Sechzigerjahren besassen die Leute plötzlich Geld. Und sie hatten Nachholbedarf. Sie kamen nach Arosa, stürmten die Hotels, wollten sich amüsieren, sich betrinken und Geld ausgeben.

Das neue «Kulm»

In den ersten Jahren in Arosa fuhr ich relativ oft Ski. Meistens gingen die Maya und ich zusammen. Dann aber, das muss 1968 oder 1969 gewesen sein, entdeckte ich den Langlauf. Die beiden Brüder Werner und Reto Geeser machten ihn in Arosa populär. In der Isla, der grossen Wiese in der Talsenke unterhalb von Arosa, legten sie eine Loipe an, die spurten sie selber mit ihren Skiern, und fingen an zu unterrichten. Ich nahm ein paar solcher Unterrichtsstunden und war derart begeistert, dass ich das alpine Skifahren sofort an den Nagel hängte. Auch der Hans fing damit an, und so gingen wir im Winter jeden Tag um elf Uhr eine Stunde langlaufen. Bald schon tauchten zwei Aroser Lehrerinnen auf, etwa in unserem Alter, die trafen wir ständig auf der Loipe an. Die waren plötzlich überall, und bald sollte ich merken, wieso.

Die Anfangszeit im «Kulm» war sehr anstrengend gewesen. Es gab zahlreiche Baustellen und wir waren mit vielem überfordert. Wir wussten nicht, wie sich alles entwickeln würde und wie sicher unsere Stelle überhaupt war. Was mit uns passieren würde, sollte das Hotel doch verkauft werden.

In dieser Situation konzentrierte sich der Hans voll auf das Hotel und verschloss sich mir gegenüber immer mehr. In Zürich hatte er sich noch rührend um die Kinder gekümmert, hatte sich echt bemüht, und wir hatten unsere Aufgaben gemeinsam wahrgenommen. Seit wir hingegen in Arosa waren, nahm er sich kaum mehr Zeit. Er war der Ansicht, dass wir für die Kinderbetreuung jetzt ja jemanden angestellt hätten. Mit der Frau Ledwinka hatte das auch funktioniert, aber mit ihren Nachfolgerinnen klappte es immer weniger. Das kümmerte ihn jedoch nicht. Er fühlte sich nicht – oder nicht mehr – verantwortlich für den Alltag und für Probleme innerhalb der Familie. Er war wie ein Fisch – wann immer es unangenehm wurde, wand er sich davon. Um die negativen Dinge kümmerte er sich einfach nicht, die fielen auf mich. Ich kannte das nicht. In meiner Familie waren alle aggressiv-konfrontativ, ich selbst eingeschlossen. Mit diesem Charakterzug vom Hans konnte ich nicht umgehen. Er war der Liebe, Nette und ich die ewige Meckertante. Er sah nicht, wie grausam überlastet und überfordert ich war und infolgedessen oft gereizt. Das nahm ich ihm übel.

Heute sehe ich das differenzierter. Es lag nicht nur an der aktuellen Situation. Ich brachte viele Hypotheken in die Beziehung mit. Ich war wütend auf meinen Vater und alle Männer, weil sie mir als Frau nicht den Platz in der Gesellschaft zugestehen wollten, den ich für mich forderte. Und vom Hans erwartete ich, dass er wieder gutmachte, was die Männerwelt mir antat. Was natürlich nicht seine Aufgabe war. Heute ist mir zudem klar, dass das kein Problem der Männer war, sondern der ganzen Gesellschaft.

Was ich aber wirklich vom Hans gewollt hätte, war, dass wenigstens er mir diesen Platz einräumte. Und das tat er nicht. Er war darauf bedacht, sein eigenes Image aufzubauen, nicht unser gemeinsames und schon gar nicht meins. So entstand eine Art Graben zwischen uns, und der Hans wurde, wie gesagt, immer verschlossener. Doch plötzlich taute er wieder auf, war fröhlich und offen. Und da merkte ich, dass er sich in eine dieser Lehrerinnen verliebt und eine Affäre mit ihr begonnen hatte.

Am Schluss dieses Winters war ich am Ende meiner Kräfte und musste ins Spital. Aber der Arzt fand nichts, und ich konnte rasch wieder nach Hause. Zum Glück, denn wir wollten bereits eine Woche nach Saisonschluss eine sechswöchige Reise nach Amerika antreten, zusammen mit unseren Freunden, der Marianne und dem Peter Kühler, ohne Kinder. Diese sollten die Ferien im Tessin verbringen, zuerst bei der Familie eines Freundes vom Christian, danach fand das alljährliche Ferienlager in Arcegno statt. Dorthin gehen die Aroser Kinder bis heute nach wie vor jeden Mai.

Im Mietauto erkundeten wir den Westen der USA, eine wunderschöne, spannende Reise. In diesen Ferien standen der Hans und ich uns sehr nahe. So nahe wie schon lange nicht mehr und wie nachher nie mehr. Wir redeten endlich über uns, auch über meine schwierige Situation. Wir beschlossen, neu anzufangen, und der Hans versprach, dass die Liebesgeschichte zu der Lehrerin ein Ende finden würde. Das wäre der Moment für einen Neuanfang gewesen. Als wir aber zurück in Arosa waren, holte uns der Alltag schnell wieder ein, und wir verfielen in die alten Muster. Der Hans beendete seine Liebschaft nicht, ganz im Gegenteil. Ich weiss nicht mehr genau, wie lange diese Romanze noch dauerte, aber irgendwann war die Lehrerin weg, und es folgten andere Frauen.

...

Die Gesamtplanung für die Erneuerung vom «Kulm» schritt unterdessen voran. An Weihnachten 1970 feierten wir die Eröffnung des Hallenbads und mit der «Taverne» bekam das Hotel sein drittes Restaurant. Neben dem Speisesaal hatten wir bis anhin ja die «Stüva» gehabt. Die nächste Tranche des Renovierungsplans betraf den Dunkel-Bau, das hinterste Betongebäude aus dem Jahr 1929. Der wurde im Sommer 1973 renoviert, und dann kam der ganz grosse Brocken. Der vorderste Hotelteil, die Walserhäuser sowie das Verbindungsgebäude, wurde abgerissen, und der Neubau sollte in den zwei darauffolgenden Sommern fertiggestellt werden. Das war ein Riesenprojekt, auf sechzehn Million Franken budgetiert. Die Bank hatte zugesichert, die ganze Finanzierung zu übernehmen. Das war sehr aussergewöhnlich, denn zu dieser Zeit trugen die Banken normalerweise höchstens noch siebzig Prozent der Kosten.

Es folgte eine Zeit intensiver Planung, die Bauphase begann im Frühling 1974. Das Hotel war im Winter des Umbaus 1974/75 aber nicht etwa geschlossen. Wir betrieben ein Provisorium im bereits renovierten Dunkel-Bau, mit den Zimmern der «Cuolmetta» und der neu gebauten «Taverne» neben dem Hallenbad als Hotelrestaurant. Die Gäste kamen über eine Galerie zum Hoteleingang, wo wir eine provisorische Réception eingerichtet hatten. Natürlich konnten wir nur eine reduzierte Zahl an Gästen beherbergen, und die Einnahmen waren dementsprechend geringer.

Der Neubau wurde im Dezember 1975 eröffnet, mit grossem Tamtam. Wir führten jetzt eigentlich ein völlig neues Hotel. Vorher hatten wir hundert Zimmer, jetzt hundertfünfzig. Ausserdem waren die Zimmer geräumiger und in fast allen stand ein zusätzliches Sofabett. Es konnten über dreihundert Gäste aufgenommen werden. Zudem hatten wir jetzt vier Restaurants im Haus. Der Betrieb war nun wesentlich grösser, alle Konzepte für Mitarbeiter und Betriebsabläufe mussten neu gestaltet werden. Wir stellten einen neuen Küchenchef ein, den Ruedi Egli. Er beteiligte sich intensiv an den Ideen für die Restaurants und die dazugehörigen Küchen. Er blieb viele Jahre im «Kulm», lange über unsere Zeit hinaus behielt er seinen Chefposten. Noch heute ist er eine angesehene Persönlichkeit in Arosa.

Kurz vor der Eröffnung kam der Verwaltungsrat auf uns zu. Der im neuen Haus viel grössere Umsatz und das damit zusammenhängende höhere Betriebsergebnis hätten zur Folge, dass der Hans mehr verdienen würde, und das käme nicht in Frage. Teil des Lohns war eine Beteiligung von zwei Prozent am Betriebsergebnis gewesen. Sie legten ihm einen neuen Vertrag vor, in dem die Provision auf ein Prozent gekürzt worden war. Wir waren empört. Eigentlich hatten wir erwartet, dass die ganze zusätzliche Arbeit, die wir für den Umbau auf uns genommen hatten, honoriert werden würde. Das Gegenteil war der Fall. Aber nicht nur das. Unsere Beteiligung war im Winter während dem Umbau, in dem der Umsatz nur halb so hoch war, natürlich auch nur halb so gross gewesen. Und der Umsatz für die ersten zwei Jahre nach der Eröffnung war ebenfalls geringer budgetiert worden. Auch ohne Kürzung mussten wir davon ausgehen, dass wir weniger verdienen würden.

Zu alledem kam, dass wir genötigt worden waren, uns an einer Kapitalerhöhung zu beteiligen. Da der gesamte Umbau teurer geworden war als geplant, hatte die Bank von den Besitzern verlangt, dass sie einen Teil der Mehrkosten selbst übernahmen. Und die Stoffels forderten wiederum, dass wir uns mit dreissigtausend Franken von unserem privaten Geld ebenfalls beteiligten, um zu beweisen, dass wir am Erfolg vom «Kulm» wirklich interessiert waren. Das war ganz schön happig.

Am Anfang verdienten wir tatsächlich weniger als vor dem Umbau, obwohl es uns von Beginn an gelang, die geplanten Zahlen zu erreichen. Aber es war gar nicht einfach, das um die Hälfte grössere Haus zu füllen. 1973 war nämlich die erste Ölkrise ausgebrochen und unterbrach die Hochkonjunktur der letzten zwanzig oder gar dreissig Jahre. Die Banken gaben keine Kredite mehr, die Zinsen stiegen. Die Zeiten für die Hotellerie wurden schwieriger. Und wir waren nicht die Einzigen, die bauten. Überall wurden neue Hotels aus dem Boden gestampft und alte Betriebe renoviert und vergrössert, nicht nur in der Schweiz, jeder Alpenkurort in Österreich, in Frankreich, in Italien, in

Deutschland hatte ausgebaut. Dazu kam, dass die Leute anfingen, Ferienwohnungen zu kaufen, das fiel ebenfalls genau in diese Ära.

...

Zur Neueröffnung hatten wir auch unser Unterhaltungskonzept ausgefeilt und erweitert. Von diesem Zeitpunkt an wurden alle neuankommenden Gäste am Sonntagabend zu einem Showdinner eingeladen. Jedes Jahr suchten wir ein neues Thema und planten eine grosse Show dazu. Wir hatten jetzt einen Night Club, der aus der Bar, einem Dancing und einem Grillroom bestand, die durch verschiebbare Wände getrennt werden konnten. Dort fanden jeweils die Anlässe statt.

Im ersten Jahr war das Thema «Cosmopolitan-Courtesy-Dinner», das durch verschiedene Epochen und Weltregionen führte. Angefangen mit dem Uri-Stier. Die Kellner stürmten verkleidet als eine Horde «Wilder» in den Speisesaal und knallten den Gästen die Vorspeise auf den Tisch. Mit dem Hauptgang war man bis zum französischen Rokoko vorgestossen, und die Köche trugen «la grosse pièce» auf einem Brett im Menuett-Schritt herein. Ich sehe das heute noch vor mir. Die Leute lachten sich schief, als die Köche versuchten, mit diesem für sie so ungewohnten Schritt zurechtzukommen.

Das war der Auftakt zu unserer Showzeit. In den folgenden Jahren perfektionierten wir unsere Auftritte, der Hans war jeweils der Showmaster und ich die Sängerin mit einem grossen

Solo am Schluss. Das Personal bezogen wir mehr und mehr mit ein. Das war ein ziemlicher Stress. Die Shows mussten ja geplant und einstudiert werden. Das Personal kam jeweils erst zu Saisonbeginn an und hatte viel zu tun. Es war nicht einfach, alle zum Üben zusammenzubringen. Aber die Gäste waren begeistert.

Im darauffolgenden Jahr gab es das «römisch-lukullische Festmahl» mit zehn Gängen, alle Mitarbeiter in Tuniken und Sandalen gekleidet. Danach kamen die «Roaring Twenties», gefolgt von «In achtzig Minuten um die Welt», basierend auf dem Roman von Jules Verne.

Mit diesen Themenabenden bildeten wir endgültig einen Gegensatz zur klassischen Hotellerie. Schon zu Beginn meldeten sich viele kritische Stimmen, vor allem aus den Kreisen der Hoteliers, diese Art von Entertainment sei absolut geschmacklos. Je grösser unser Erfolg wurde, desto bissiger wurden die Kommentare, die darin gipfelten, der Hans sei kein Hoteldirektor, sondern eher ein Zirkusdirektor. Folglich sagten wir uns: «Wenn wir schon Zirkusdirektoren sind, dann veranstalten wir auch einen Zirkus!» Der Hans trat selbstverständlich als Zirkusdirektor auf und ich als Musikclown, im Paillasse-Kostüm. Weiss geschminkt, mit einem Spitzhut auf dem Kopf, spielte ich auf dem Klavier ein kleines Vorspiel, das in «Oh mein Papa» überging. Das Orchester übernahm die Begleitung und ich sang. Das war toll. Noch zwanzig Jahre später wurde ich von ehemaligen Gästen auf dieses «Oh mein Papa» angesprochen.

Die Mitarbeiter traten als Feuerschlucker oder Zauberer auf, und es wurde jongliert und geturnt.

Wir bekamen eine gute Presseresonanz. Diese Shows waren für die damalige Zeit so aussergewöhnlich, dass immer wieder über uns geschrieben wurde, was uns natürlich gute Werbung verschaffte.

Im Jahr darauf planten wir ein Musical. Aber das hatten wir unterschätzt. Das war weitaus schwieriger als alles, was wir bis anhin gemacht hatten. Für ein Musical muss man nämlich wirklich etwas können. Bis wir mit allen Mitarbeitern die Nummern nur schon einigermassen einstudiert hatten, dauerte es ewig. Dieses Mal gingen wir so weit, dass wir sogar die Kinder einbanden. Zum Abschluss jeden Abends trat die ganze Familie zum Lied «Sunnyboy» auf. Es dauerte recht lange, bis wir das alle fehlerlos hinbekamen. Die Martina genierte sich und nahm uns das Ganze übel. Nur der Christian genoss es.

Als Höhepunkt dieser ganzen Serie feierten wir im Winter 1981/82 «100 Jahre Kulm». Einige unserer Mitarbeiter fuhren auf einem Septledem, einem Velo für sieben Personen, durch den Speisesaal, es gab eine Modeschau mit Skimode aus dem späten 19. Jahrhunderts, und die Kellner trugen Frack und weisse Handschuhe. Wir engagierten den Hans Gmür, einen prominenten Mann aus der Unterhaltungsbranche. Der komponierte eine Hymne aufs «Kulm» und arrangierte sie zu einer bekannten Melodie, sodass der Hans und ich sie vortragen konnten. Mein Kleid und meine Frisur liess ich nach dem Vorbild eines Fotos von meiner Grossmutter machen. Eben alles wie vor hundert Jahren.

...

Die grossen Sonntagabendveranstaltungen waren nach dem Umbau ein sehr wichtiges Instrument für die Beziehungspflege zu unseren Gästen. Sie begannen jeweils mit einem Apéritif in der Hotelhalle, an dem wir jeden Gast persönlich begrüssten. Es hatte sich nämlich gezeigt, dass das im normalen Betrieb nicht mehr so einfach war. Früher hatten wir mit unseren hundert Zimmern rund zweihundert Gäste im Haus gehabt. Viele Gäste blieben zwei bis drei Wochen, die Durchschnittsaufenthaltsdauer lag bei zehn Tagen. Mit dem grösseren Hotel beherbergten wir nun zwischen zweihundertfünfzig und bis über dreihundert Personen. Ausserdem waren die Zeiten nicht mehr so gut, und die Leute hielten sich deutlich weniger lange bei uns auf. Das hiess, wir hatten viel mehr Personen willkommen zu heissen, und es wurde immer schwieriger, die Leute ebenso individuell zu behandeln wie früher. Da halfen diese Veranstaltungen.

Der Hans hatte die Gäste seit jeher persönlich begrüsst und verabschiedet. Jetzt trug er ständig einen Piepser bei sich, damit ihn die Réception jederzeit rufen konnte, wenn ein Gast ankam oder abreiste. Das war enorm aufwendig.

Aber für mich wurde es noch schwieriger. Der Hans empfing die Gäste nicht nur, er stand fast den ganzen Tag an der Réception, sah die Gäste immer wieder und lernte sie ziemlich gut kennen. Ich hingegen war ja in erster Linie hinter den Kulissen tätig und hatte daher weniger Bezug zu den Leuten. Ich hiess an diesem Apéritif jede Woche hundert Personen willkommen, danach traf ich sie vielleicht irgendwo wieder. Einige in der Hotelhalle, andere wiederum auf der Loipe, im Dorf oder sonst an einem Ort, der nicht unbedingt mit dem «Kulm» in Verbindung stand. Dazu kamen alle Angestellten, die auch immer wieder wechselten. Ich konnte mir einfach nicht alle merken. Früher war das nicht so gewesen. Ich hatte ein sehr gutes Gedächtnis gehabt, auch in Bezug auf Menschen, aber das kam mir in dieser Zeit abhanden. Es war mir schlicht nicht mehr möglich, derart viele Leute zu kennen, die so unregelmässig in meinem Alltag auftauchten und verschwanden. Seither habe ich grundsätzlich Mühe, mir Menschen zu merken. Das wurde quasi zu einem Schutzmechanismus meines Gehirns.

...

Die Party des Jahres war die Silvesterfeier. Das war ein immenser Aufwand, für dreihundertfünfzig Gäste. Wir räumten jeweils das ganze Parterre aus. Es gab ein grosses Buffet mit zahlreichen Delikatessen, die wir von weit her kommen liessen. Das war eine rechte Herausforderung, alles frisch auf den 31. Dezember in Arosa zu haben. Mein absoluter Horror waren die knapp zweihundert Langusten. Die Köche, die armen Sieche, schufteten die ganze Woche auf diesen Anlass hin. Am 30. Dezember, nachdem sie schon den ganzen Tag in der Küche gestanden hatten, mussten sie auf den letzten Zug warten, der um elf Uhr abends ankam und die frischen, lebenden Langusten in grossen Fässern brachte. Die mussten vom Bahnhof abgeholt und noch in der Nacht gekocht werden. Das ist einer der Gründe, weshalb ich keine Crustacés mehr esse. Ich sagte mir: «Was sind wir nur für eine perverse Gesellschaft, die am Silvester auf tausendachthundert Metern über Meer unbedingt Langusten essen muss.» Aber die Leute fielen darüber her. Und Kaviar. Kaviar gab der Küchenchef persönlich mit dem Teelöffel aus. Und die Leute genierten sich nicht, nochmal und nochmal anzustehen, für ein weiteres Löffeli Kaviar.

Selbstverständlich passierten auch schreckliche Pannen bei diesen Veranstaltungen, vor allem bei den Silvesterfeiern.

Die Weisswein- und Champagnerflaschen stellte man zum Kühlen jeweils schon am Morgen des 31. Dezembers in den Schnee raus. In einem Jahr hatte der Oberkellner die Idee, alle Flaschen mit kleinen Nümmerchen entsprechend der Tischnummern zu versehen, damit man sie abends sofort auf die Tische stellen konnte. Leider löste der Schnee all die Nümmerchen ab und als um acht Uhr die Weine auf die entsprechenden Tische gestellt werden sollten, hatte niemand mehr eine Ahnung, welche Flaschen wohin gehörten. Für besagten Oberkellner war das eine derartige Katastrophe, dass er den Bettel sofort hinschmiss und verschwand. Er liess das Chaos über seinen Stellvertreter und seine Kellner hereinbrechen, die jetzt alle Gäste fragen mussten, was sie denn bestellt hätten, um dann die Weine draussen im Schnee zusammenzusuchen. Am Ende des Abends waren die Kellner fix und fertig, aber die Gäste lachten Gott sei Dank darüber.

Ein anderes Mal waren plötzlich, als das Buffet eröffnet werden sollte, die grossen Teller verschwunden. Einige Gäste fluchten, andere lachten. Wir wunderten uns: «Das kann nicht sein, es können doch nicht einfach tausend Teller verschwinden!» Aber es blieb dabei. Das Rätsel löste sich am nächsten Morgen, als der erste Kellner die Vorhänge aufzog und die Teller auf dem Fenstersims dahinter entdeckte. Offenbar hatte sie jemand während der Vorbereitungen dort zwischengelagert und sie dann einfach vergessen.

...

In Arosa gibt es nach der Primarschule lediglich eine Real- und eine Sekundarstufe. Wer ins Gymnasium will, muss nach Chur. Deshalb schickten wir die Martina nach der zweiten Sekundarklasse 1971 in die Kantonsschule nach Chur. Die Martina hatte schon in der Sekundarschule angefangen, sich mehr und mehr von der Familie zu entfernen und sich auf ihren Freundeskreis zu konzentrieren. Sie wollte nicht weg von Arosa, vor allem nicht an die Kanti. Für uns aber gab es diesbezüglich keine Diskussion, wir nötigten sie sozusagen, nach Chur zu gehen. Sie wiederum gab sich aus Trotz keinerlei Mühe und machte dementsprechend schlechte Noten. Nach der offiziellen Schulzeit, das hiess nach der dritten Gymnasialklasse, brach sie die Kanti gegen unseren Willen ab und machte das Handelsdiplom.

Der Christian war bereits mit elf Jahren, sogar noch zwei Jahre vor der Martina, von Arosa fortgegangen, nach Flims ins Institut. Er hatte in der dritten und vierten Primarklasse einen super Lehrer gehabt. Der hatte sich aber entschieden eine Zusatzausbildung zu machen und war deshalb oft weg gewesen. Es hatte zahlreiche Stellvertretungen gegeben, meistens Lehrerinnen. Der Christian war mit keiner von denen zurechtgekommen, er hatte sich richtiggehend gegen sie aufgelehnt. Ich hatte das Gefühl, dass er unter Männern besser funktionierte. Der Hans sagte immer: «Es sind zu viele Frauen um ihn herum», worauf ich entgegnete: «Nein, wir haben zu wenig ‹Mann› hier.» Als sein guter Freund dann ins Institut nach Flims wechselte, wollte der Christian mit ihm gehen, und wir waren einverstanden.

Die Livia wiederum trat bereits nach der ersten Sekundarklasse in die Kantonsschule über. Für sie fanden wir glücklicherweise eine nette Familie in Chur, bei der sie die ersten Jahre wohnen konnte. Deren Tochter ging mit der Livia in eine Klasse, und die Livia fühlte sich dort wohl. Die Martina hingegen war bei einer Frau untergebracht, die Zimmer vermietete, völlig unpersönlich. Es war für die Kinder nicht möglich, jeden Tag von Arosa nach Chur und abends wieder zurückzufahren, die Zugfahrt dauerte eine Stunde. Sie wohnten unter der Woche also in Chur und kamen jeweils über das Wochenende nach Hause. Als der Christian von Flims ebenfalls nach Chur an die Kantonsschule wechselte, kauften wir eine Wohnung, wo die drei zusammen wohnten und haushalteten. Die Martina war damals siebzehn.

Für mich waren diese Wegzüge einerseits eine Entlastung. Nachdem die Fremdbetreuung der Kinder nach der Frau Ledwinka nicht mehr gut funktioniert hatte, war ich durch die Doppelbelastung sehr gestresst. Anderseits hatte ich einen ständigen Druck auf der Seele. Die Kinder waren einfach noch zu jung, um so lange von zu Hause fort zu sein.

Der positive Aspekt daran, dass die Kinder weniger Zeit in Arosa verbrachten, war, dass sie Abstand zum Hotel gewannen. Ab dem Moment, als wir in Arosa angekommen waren, stand das «Kulm» immer im Zentrum. Man war nicht nur ständig in diesem Hotel, man redete auch unentwegt darüber. Nicht nur der Hans und ich, die Kinder ebenso. Ich versuchte zwar, sie so gut als möglich vom Hotel fernzuhalten, mit einem Haufen Verboten zum Beispiel, aber das war ein hoffnungsloses Unterfangen. Niemand unterstützte mich dabei, weder der Hans noch die Angestellten. Die versteckten die Kinder sogar im Office und lachten über mich, wenn ich sie suchte. Sie sollten nach der Schule direkt nach Hause kommen, aber das machten sie selten.

An der Kantonsschule fanden die Kinder Freunde, die aus einem anderen Umfeld stammten. In Arosa sind ja alle Familien, nicht nur die der Hoteliers, vom Saisonbetrieb und den Touristen geprägt. Mit der Zeit fingen die Kinder sogar an, die Wochenenden ab und zu bei Freunden zu verbringen. Vor allem die Martina löste sich noch weiter von uns und dem Hotel ab. Darin lag natürlich auch Kritik. Kritik an uns und dem Lebensstil, den wir durch das Hotel führten. Ich teilte ihre Ansicht ein

Stück weit sogar, es tat nicht gut, allzu sehr in diesen Luxussumpf einzutauchen. Der Christian hingegen fand das Hotelleben toll. Schon von klein auf war er fasziniert und wurde angezogen von diesem Unterhaltungsbetrieb. Der Sog des Hotels war gewaltig. Das zu verarbeiten war für ein Kind eine grosse Aufgabe. Am wenigsten Schwierigkeiten hatte die Livia. Das hatte sicher damit zu tun, dass sie die Jüngste war, wir besser Bescheid wussten und sie so besser auffangen konnten. Aber sicher auch mit ihrem verbindlichen Charakter und ihrem Talent, sich überall gut einzurichten, sich den Umständen anzupassen und sich mit den Leuten zu vertragen.

...

Bereits im ersten Winter nach der Eröffnung des neuen «Kulm» zeigte sich ein fataler Fehler: Der Speisesaal war zu klein. Unser Präsident, eigentlich ein Profi auf diesem Gebiet, hatte bei der Planung der Restaurants nämlich erklärt, dass die Zeiten des Hotelspeisesaals vorbei seien. Dass die Gäste heute lieber eine Auswahl hätten und nicht jeden Abend am selben Ort essen wollten. Da wir jetzt sowieso vier Restaurants im Haus hatten, planten wir den Speisesaal also kleiner als zuvor. Es stellte sich jedoch heraus, dass die Leute zwar eine Auswahl haben, hie und da an einem anderen Ort essen wollten, dass sie aber gleichzeitig auf keinen Fall bereit waren, auf ihren reservierten Tisch im Speisesaal zu verzichten. Die Gäste waren unzufrieden, teilweise sogar wütend, sie wollten einen Platz im Speisesaal, und zwar jeden Abend, selbst wenn sie ihn gar nicht brauchten. Wir merkten schnell, dass das ein Fehler war, der korrigiert werden musste. Es wurde Hals über Kopf eine Erweiterung für den Speisesaal geplant und bereits im darauffolgenden Sommer gebaut.

Das neue «Kulm» hatte aber einen weiteren, noch schwerwiegenderen Mangel: Die Wände zwischen den Zimmern waren absolut ungenügend isoliert. In gewissen Zimmern sah man bei Dunkelheit sogar einen Lichtschimmer aus dem Nebenzimmer durch einen Spalt an der Decke, und die Gäste beklagten sich scharenweise, dass sie jedes Wort ihrer Zimmernachbarn verstehen könnten. Dieser Mangel wurde als gravierender Konstruktionsfehler eingestuft und kostete über eine Million. Die Wände mussten aufgedoppelt werden, worunter natürlich auch die Zimmer litten, sie wurden zwölf Zentimeter schmäler. Alle Masse, die ganz genau geplant gewesen waren, stimmten nicht mehr. Das Bett ragte nun aus der Nische, in die es vorher exakt gepasst hatte. Es war mühsam. Schon im ersten Sommer nach der Neueröffnung hatten wir wieder eine Riesenbaustelle.

Ansonsten war das neue «Kulm» ein Erfolg. Die Gäste kamen in Scharen. Der grosse Einbruch nach der Ölkrise war Ende 1975 bereits wieder vorüber, und es folgte eine neue Boomzeit. Obwohl wir jetzt ein teureres und grösseres Hotel führten, konnten wir es gut füllen.

Aisis Hotel

Parallel zum Neubau im «Kulm» übernahmen wir das Hotel Vieux Manoir. Wir waren 1973 in Interlaken in den Sommerferien, da entdeckten wir ein Inserat in der «Hotel Revue» mit dem ungefähren Inhalt: «Zu verkaufen. Hotel Vieux Manoir in Murten. Alter Landsitz am See.» Wir kannten das «Vieux Manoir» natürlich, fast die ganze Schweiz kannte es damals. Die Hauptstrasse von Bern nach Lausanne führte zu dieser Zeit noch direkt daran vorbei. Es war eines der frühen Hotels mit einer guten Küche und einem spektakulären Weinkeller. Ausserdem war es sehr schön und originell, eine alte, ausgebaute Villa mit dieser einzigartigen Lage am Murtensee.

Doch das «Vieux Manoir» hatte einen zwiespältigen Ruf. Der damalige Besitzer hatte sich darauf spezialisiert, dass bei ihm absteigen konnte, wer wollte, und er alles, was er sah, diskret behandelte. Das erzählte man sich zumindest. Damals war es verboten, dass ein Paar, das nicht verheiratet war, in einem gemeinsamen Zimmer übernachtete. Das «Vieux Manoir» hingegen war diesbezüglich aufgeschlossen, und so kehrten dort nicht nur der Herr Direktor mit seiner Sekretärin ein, sondern auch Geschäftsleute, die geheime Verhandlungen führen wollten. Es wurde zum Beispiel gemunkelt, dass gewisse Vorbesprechungen für die Fusion der «Ciba» und der «Geigy» im «Vieux Manoir» stattgefunden hätten. Die Voraussetzung für diese Diskretion war, dass der Besitzer von seinen Gästen erwartete, dass sie kräftig Geld ausgaben. Es war die Regel, dass man direkt nach der Ankunft in die Bar einkehrte und eine Flasche Champagner konsumierte. Danach musste man teuer essen, und die Zimmer hatten ebenfalls einen ansehnlichen Preis.

Wir hatten uns geschworen, nie einen Franken in ein altes Hotel zu investieren. Im «Kulm», aber auch in den anderen Häusern, in denen wir gearbeitet hatten, hatten wir gesehen, was für Fässer ohne Boden diese alten Kisten sind, dass man eigentlich unentwegt etwas renovieren und umbauen musste. Trotzdem glustete es uns. Wir sagten uns: «Wir sind ja sowieso in der Nähe. Es kann nicht schaden, wenn wir es uns kurz anschauen.» Und wir machten auf dem Rückweg von Interlaken einen Abstecher nach Murten. Das «Vieux Manoir» war schon damals hübsch gestaltet, ungewöhnlich, mit französischen, farbigen Tapeten in den Zimmern. Es hatte viel Flair. Obwohl man sofort sah, dass einiger Nachholbedarf bestand.

Wir waren Feuer und Flamme für das Projekt, fingen an zu rechnen, berieten uns mit Fachleuten und entwickelten Ideen, wie man diesen Betrieb rentabel weiterführen und gleichzeitig seinen dubiosen Ruf loswerden könnte. Der Herr Hans Buol, der Besitzer, wollte den ganzen Komplex, also das Haus mit 10'000 Quadratmetern Land am See und der dazugehörigen Pinte, für vier Millionen verkaufen. In diesem Preis war aber nicht nur das Anwesen enthalten, der Herr Buol wollte seine gesamte AG loswerden, mitsamt allen offenen und versteckten Verbindlichkeiten.

Wir liessen eine Expertise erstellen, die besagte, dass man dem Herrn Buol allerhöchstens drei Millionen Franken offerieren dürfe, und zwar nur für das Immobilium, nicht für die AG. Gleichzeitig war klar, dass man sofort eine halbe Million in die wichtigsten Renovationen investieren musste. Das betraf in erster Linie die Küche. Die war winzig. Um sie zu vergrössern, musste ein Anbau an der Seite des Hauses gemacht werden, und im Zuge dessen sollten gleichzeitig die Zimmer über der Küche erneuert werden.

Das Geld hätten wir zusammenbekommen. Wir hatten eine Zusage der Bank für einen Kredit über zweieinhalb Millionen Franken, die letzte Million hätten wir selbst beisteuern müssen. Das hiess, ich. Ich ging also zu meinem Vater und bat ihn um einen Erbvorbezug.

Der Pappe hatte kurz zuvor seine «Plus AG» verkauft und eine neue Firma gegründet, zusammen mit dem Andres. Er investierte dort einen Haufen Geld und wir Schwestern interpretierten das so, dass der Pappe diese Firma für den Andres aufbaute. Deswegen hatte es bereits einen ziemlichen Familienknatsch gegeben, und der Pappe hatte gesagt: «Wenn jemand von euch Mädchen etwas Eigenständiges aufziehen würde, wäre ich selbstverständlich auch finanziell behilflich.» Er stellte mir die Million zur Verfügung, allerdings nicht als Erbvorbezug, sondern als Darlehen. Zusätzlich zum Zins wollte er eine Gewinnbeteiligung. Obwohl das natürlich illusorisch war, mit einem Gewinn rechneten wir noch lange nicht.

Das alles spielte sich im Sommer 1973 ab. Der Herr Buol sperrte sich gegen unser Angebot, wollte weiterhin seine AG für vier Millionen verkaufen. Wir hörten einige Monate nichts mehr und dachten, das sei gelaufen, bis er sich im Dezember meldete – er wolle nach Arosa zum Skifahren kommen. Offenbar hatte er niemanden gefunden, der nach seinen Vorstellungen kaufen wollte, und wir nahmen die Verhandlungen wieder auf.

Der Herr Buol verkaufte uns das «Vieux Manoir», nur das Anwesen, widerwillig für die drei Millionen, die wir geboten hatten. Die AG blieb bei ihm. Am 28. Februar trafen wir uns alle in Murten, ein Notar, der Herr Buol, der Hans und ich, um die Formalitäten abzuwickeln. Und ab dem nächsten Morgen, dem 1. März 1974, gehörte das «Vieux Manoir» uns. Mir.

Der Hans sah sich am Anfang durchaus als Besitzer des «Vieux Manoir». Das, obwohl ich, beziehungsweise mein Vater, das Eigenkapital aufgebracht hatte und alle Dokumente auf meinen Namen ausgestellt worden waren. Diese Lösung wählte man nicht nur aufgrund des Eigenkapitals, sondern auch, um das Risiko zu teilen. Es war damals üblich, dass man einen Besitz auf die Frau überschrieb, damit bei einem allfälligen Konkurs nicht das gesamte Vermögen eingezogen werden konnte. Aber natürlich ging man davon aus, und da war der Hans nicht der Einzige, das war die allgemeine Einstellung, dass alles, was der Frau gehörte, automatisch im Besitz des Ehemannes war. Die Dokumente trugen zwar meine Unterschrift, allerdings alle mit dem Zusatz «mit Einwilligung des hier anwesenden Ehemannes». Nach damaligem Recht war eine Frau nicht bevollmächtigt, in eigenem Namen zu unterschreiben. Der Ehemann musste sein Einverständnis geben.

...

Wir eröffneten das Hotel an Ostern 1974, rund zwei Wochen nachdem wir es übernommen hatten. Im Herbst zuvor war, wie gesagt, die Ölkrise ausgebrochen, und die Westschweiz war stark davon betroffen. Die Uhrenindustrie, die einen grossen Teil unserer Kundschaft ausmachte, brach ein. Es gab keine Geschäftsessen mehr, die Leute übernachteten nicht mehr bei uns, und natürlich kamen sie auch privat nicht mehr, sodass wir schnell hohe Umsatzeinbussen verzeichnen mussten.

Wir hatten für das erste Jahr mit einer, wenn auch bescheidenen, Umsatzsteigerung gerechnet. Stattdessen folgte ein jäher Rückschlag. Dazu kam, dass wir mit unserem neuen Betrieb zusätzliche Kosten hatten, die wir nicht budgetiert hatten. Das ist nach einer Übernahme meistens der Fall, man vergisst irgendetwas. So mussten wir zum Ende der Saison einen Verlust ausweisen.

Die Krise traf natürlich auch die Banken. Sie sprachen keine neuen Kredite mehr, und die Hypothekarzinsen fingen an zu steigen, gestaffelt, bis auf acht Prozent. Nach und nach fing der Hans an, von «Aisis Hotel» zu sprechen.

Trotzdem machte ich mir noch keine allzu grossen Sorgen. Wie geplant, fingen wir unmittelbar nach Saisonschluss mit dem

Küchenumbau und der Renovation der Zimmer an. Die Bank hatte uns eine halbe Million zugesichert.

Zuerst lief alles bestens, der Umbau ging gut voran. Doch recht bald beschlichen mich erste Zweifel, ob der Architekt die Baukosten denn wirklich im Griff hatte. Es flatterten immer mehr Rechnungen ins Haus, die mir zu hoch, nicht mit dem Budget übereinzustimmen schienen. Der Architekt winkte ab, er habe alles unter Kontrolle. Aber ich glaubte ihm nicht und engagierte einen Anwalt. Endlich war der Architekt bereit, mir die Abrechnungen zu zeigen. Der Bau war schon sehr weit fortgeschritten, die gesamte Bauzeit war nur auf vier Monate geplant worden, damit wir an Ostern wieder betriebsbereit waren. Erst kurz vor der Wiedereröffnung trafen der Anwalt und ich den Architekten, das vergesse ich nie: Er kam ins Büro, zwei dicke Ordner unter jedem Arm. Die knallte er auf den Tisch und sagte: «Das Total für den gesamten Bau beträgt 936'000 Franken, plus Honorare.» Wir waren sprachlos. Wir hatten einen Baukredit von einer halben Million, und der verlangte jetzt das Doppelte. Und die Banken hatten schon im Herbst klargemacht, dass sie keinen weiteren Kredit sprechen würden.

Ich konnte die Rechnungen der Handwerker nicht bezahlen, und es gab eine gerichtliche Auseinandersetzung.

Die ganzen Schwierigkeiten dauerten etwa zwei Jahre. Der Hans liess mich in dieser Zeit allein. Er begleitete mich weder zu Gerichtsterminen noch unterstützte er mich in sonst irgendeiner Art. Die Wende kam, als der Fritz Meisser, der Banker der

Schweizerischen Bankgesellschaft in Arosa, mit dem wir auch für das «Kulm» zusammenarbeiteten, auf mich zukam und sagte: «Kommen Sie doch mal vorbei mit Ihrem Problem in Murten, wir schauen uns das zusammen an.» Er machte mir ein gutes Angebot und konnte die Bank überzeugen, mir einen neuen Kredit zu gewähren. So bekam ich dank dem Meisser wieder ein wenig Luft, und ich dankte ihm tausendmal dafür. Ich wusste zu diesem Zeitpunkt allerdings nicht, dass die Situation der Banken sich bereits wieder etwas gebessert hatte und sie ihre Restriktionen aufhoben. Der Meisser wusste das natürlich.

Auf jeden Fall zog die Konjunktur langsam wieder an, und das «Vieux Manoir» begann bereits im zweiten Sommer gut zu arbeiten. Wir erreichten die geplanten Zahlen, und ich konnte die Schulden bei den Handwerkern nach und nach bezahlen.

...

Völlig unerwartet starb am 29. Dezember 1975 der Pappe. Meine Eltern waren in Grindelwald in den Ferien, und dort erlitt er einen Herzinfarkt. Das hatte er sich immer gewünscht, dass er schnell und plötzlich tot sei und nicht lange leiden müsse. Aber für die Familie, vor allem für die Mamme, war es ein Schock. Sie war die letzten fast fünfzig Jahre immer mit ihm zusammen gewesen und sie hatte Angst davor, von heute auf morgen alleine zu leben.

Gerade eben hatten wir den Neubau vom «Kulm» eröffnet, im «Vieux Manoir» hatten wir die zweite Sommersaison hinter uns und standen auf dem Höhepunkt aller Schwierigkeiten. Durch den Tod vom Pappe entstand eine weitere komplizierte Situation. Nachdem er die «Plus AG» verkauft hatte, baute er, wie gesagt, mit dem Andres zusammen eine neue Firma auf. Sehr fortschrittlich hatte er geplant, eine Recyclinganlage für Batterien aufzuziehen, und die war jetzt mitten im Bau. Das Projekt konnte nicht mehr abgebrochen werden, dafür war es zu spät, es war aber auch noch nicht weit genug fortgeschritten, als dass mit einer baldigen Eröffnung gerechnet werden durfte.

Interessant dabei war, dass wir Schwestern immer vermutet hatten, der Pappe stelle diese Firma für den Andres auf die Beine. Jetzt hörten wir jedoch plötzlich, dass der Andres gedacht hatte, er mache es für den Pappe. Der Andres beschloss deshalb schnell, dass er dieses Projekt nicht weiterverfolgen könne und wolle, und fing umgehend an, alles zu liquidieren. Dadurch musste man natürlich einen grossen Abschreiber machen, es entstand ein rechter Verlust. Gleichzeitig hatte das Vermögen vom Pappe durch die Auswirkungen der Ölkrise dreissig Prozent an Wert verloren. Wir bekamen ein Problem mit der Erbteilung, weil alle Vorgaben vom Pappe nicht mehr stimmten und nicht mehr gleich viel Geld da war, wie er eigentlich gemeint hatte. Es gelang uns aber, das Ganze ohne Familienstreit zu lösen, vor allem durch das Entgegenkommen der Mamme, die auf einen Teil ihrer Ansprüche verzichtete, um den Frieden zu wahren. Diese grosszügige Geste meiner Mutter wurde, das muss ich rückblickend sagen, eigentlich viel zu wenig honoriert. Aber die Mamme war einfach nur froh, dass sich das Problem zwischen uns Kindern so lösen liess. Sie hatte genügend Geld, hatte sie ja selbst ein grosses Vermögen von ihrem Vater geerbt.

In den darauffolgenden Jahren wich der Druck mehr und mehr vom Hans und mir. Beruflich waren das unsere besten Jahre. Das «Vieux Manoir» lief gut und im «Kulm» waren wir auf dem Höhepunkt unserer Karriere, mit unseren Shows, dem neuen Haus und der positiven Resonanz, die wir dafür bekamen. Wir standen natürlich weiterhin in Konkurrenz mit dem «Tschuggen», aber dieses Verhältnis entspannte sich, da beide Häuser stets gut gefüllt waren. Das «Tschuggen» setzte auf vornehm und schick, wir im Gegensatz dazu auf Vergnügen, persönliche Betreuung und Clubatmosphäre.

1980 verkaufte der Wyssmann das «Tschuggen». Der Käufer war der Karl-Heinz Kipp, ein sehr reicher Mann aus Deutschland, der mit seinen «Massa»-Läden ein Vermögen verdient hatte. Er gründete eine AG, die «Tschuggen AG», und erwarb in den folgenden Jahren noch andere Hotels, das «Valsana» in Arosa, das «Carlton» in St. Moritz und Ende der Achtziger das «Eden Roc» in Ascona. Das ist heute also eine Kette. Für seine AG brauchte er einen Präsidenten, und das musste damals ein Schweizer sein. Unser Banker Fritz Meisser empfahl ihm den Fritz Aegerter, und so wurde der Fritz Präsident der «Tschuggen AG». Nun waren wir befreundet mit dem «Tschuggen» und arbeiteten fortan gut zusammen. Und für den Fritz war das eine grosse Genugtuung.

…

Die ersten Direktoren im «Vieux Manoir» waren der Hans und die Myrtha Scherrer. Die beiden hatten vorher bei uns im «Kulm» gearbeitet, der Herr Scherrer sogar schon unter dem Hans an der Réception im «Dolder». Im «Kulm» war er nach dem Abgang vom Herrn Ledwinka Chef de Réception gewesen, seine Frau hatte die Warenkontrolle und den Einkauf geleitet. Sie waren bestens geeignet und hoch motiviert, diesen Posten zu übernehmen, und arbeiteten von Anfang an sehr gut. Man hatte ja nicht wissen können, dass gleich schon zu Beginn derart grosse Probleme auftauchen würden, aber die Scherrers erduldeten und meisterten diese Schwierigkeiten grossartig.

Wie gesagt, fingen die Scherrers schon bald an, ihre Umsätze und Betriebszahlen zu verbessern. Bereits im dritten Jahr war es uns deshalb möglich, den nächsten Umbau zu planen, erstens die grosse Bar aufzuheben und diese Räumlichkeiten mit einem Anbau zu einem Frühstücks- und Bankettsaal zu erweitern. Zweitens wollten wir ein Stück der riesigen Terrasse einglasen und zu einer Veranda ausbauen. So gewannen wir einige weitere wettersichere Restaurantplätze dazu, und eine Veranda entlang der Front an der Seeseite drängte sich geradezu auf. Ergänzt wurden diese beiden Anbauten durch einen Turm am Nordwesteck des Hauses, der die Aussenansicht des Hotels stark aufwertete. Ausserdem entstanden zwei achteckige Turmzimmer, die bei den Gästen äusserst beliebt wurden. Der gesamte Umbau trug wesentlich zur Aufwertung des Hauses bei und gab den Scherrers noch bessere Möglichkeiten in die Hand, um zu wirtschaften.

In den folgenden Jahren renovierten wir sukzessive die Hotelzimmer. Gewisse Zimmer waren sehr klein und manche hatten keine oder nur winzige Badezimmer. Teilweise legten wir zwei

Zimmer zu einem zusammen oder teilten eines auf, um daraus zwei Bäder zu machen. Da sich die Scherrers eine neue Wohnung genommen hatten, konnte die Direktionswohnung im dritten Stock aufgehoben und ebenfalls in drei Zimmer umgewandelt werden. Damit kompensierten wir den Verlust der Zimmer, die in den unteren Stockwerken hatten aufgehoben werden müssen. Wir hatten nach dem Umbau also wieder gleich viele Zimmer wie vorher, nämlich zweiunddreissig.

Das «Vieux Manoir» machte mir mehr und mehr Freude, und ich verbrachte immer lieber Zeit dort. Obwohl es gut lief, wurde mir immer stärker bewusst, was für ein schwieriges Hotel es war, mit dieser riesigen Terrasse. Es war ein absoluter Schönwetter-Betrieb; bei schlechtem Wetter war das Restaurant leer, bei gutem bot es zu wenige Plätze, weil der Andrang so gross war.

Die Scherrers blieben insgesamt sieben Jahre im «Vieux Manoir», dann bekamen sie die Chance, das Hotel Schiff in Murten in Pacht zu übernehmen. Das war für sie ein rechter Fortschritt, und ich legte ihnen selbstverständlich keine Steine in den Weg. Ich war ihnen dankbar für ihren Einsatz und dafür, was das «Vieux Manoir» in den vergangenen sieben Jahren geworden war. Das war zu einem grossen Teil ihr Verdienst.

...

Jetzt musste ich eine neue Direktion suchen, und aus über vierzig Bewerbungen wählte ich schliesslich den Erich und die Elisabeth

Thomas aus. Der Erich Thomas war mit seinen knapp dreissig Jahren für diesen Posten zwar sehr jung, aber er hatte äusserst gute Zeugnisse und hatte vorher quasi selber schon einen Betrieb geführt. Ausserdem war seine Frau Elisabeth ebenfalls qualifiziert im Hotelfach, mit langjähriger Erfahrung in verschiedenen Betrieben. Sie war ein paar Jahre älter als er. Jedenfalls kam ich zu der Auffassung, diese beiden seien die besten Bewerber.

Sie traten ihre Stelle am 1. Januar 1981 an. Voller Elan und Enthusiasmus stürzten sie sich in diese Aufgabe und machten es von Anfang an hervorragend. Die Frau Thomas übernahm die Réception und die gesamte Administration, und dank dem Herrn Thomas etablierte sich eine gute Küche. Er war ursprüglich selber Koch und beflügelte den Küchenchef zu Spitzenleistungen. Nach ein paar Jahren schaffte es dieser auf vierzehn, dann auf fünfzehn und zum Schluss auf sechzehn Gault-Millau-Punkte.

Eine Küche dieser Qualität trägt natürlich viel zum Erfolg eines Hotels bei, ausserdem waren die Achtzigerjahre gute Jahre für den Tourismus. Wir konnten uns weiterhin erlauben, den Ausbau, die Verbesserung, Verschönerung und Vergrösserung des Betriebs voranzutreiben.

Obwohl wir schon beachtliche Summen für Anbauten und Ergänzungen investiert hatten, stand das ganze Hotel immer noch in einem gewissen Ungleichgewicht: Wir brauchten mehr Zimmer, die Veranda hatte zu wenig Plätze, und auch für die Optimierung des Betriebsablaufs waren diverse Anpassungen nötig. In Genf fanden wir das «Studio Bach» mit dem Johannes Pfenninger, der die Gestaltung der Innenräume und die Innenausstattung übernahm. Weiter hatten wir den Architekten Nobs engagiert. Mit diesen beiden begannen wir eine Gesamtplanung, so wie wir es im «Kulm» gemacht hatten.

Es war klar, dass es einen weiteren grossen Anbau brauchte, der in den oberen Stockwerken zwölf grosse, repräsentable Zimmer, ebenerdig einen zusätzlichen Saal für Bankette und Seminare und im Kellergeschoss Räume für technische Anlagen und das Personal bringen würde. Wir zerbrachen uns den Kopf, wie dieser Anbau aussehen sollte, wie er schön in das bestehende Gebäude integriert werden könnte und dennoch allen Vorgaben, die wir hatten, entsprach. Aber weder der Architekt Nobs noch die zahlreichen Spezialisten, die wir hinzuzogen, hatten eine gute Idee. Es war unser Innenarchitekt Pfenninger, der nach längerer Zeit den passenden Entwurf präsentierte, inklusive Fassade und dem kompletten Raumprogramm.

Glücklicherweise war der Nobs keineswegs beleidigt und übernahm das Projekt vom Herrn Pfenninger vorbehaltlos. Er machte eine perfekte Detailplanung und hatte alle Kosten, während der Planung und während der Bauzeit, unter Kontrolle.

Diese Gesamtplanung dauerte fast die ganze zweite Hälfte der Achtzigerjahre. Es gab endlose Diskussionen mit der Gemeinde, den Behörden, dem Heimatschutz, dem Naturschutz. Wir benötigten zahlreiche Ausnahmebewilligungen, die Länge des Hauses war ein Problem, der Abstand zum See, der Abstand zum Nachbargrundstück. Es war mühsam, aber schlussendlich fanden wir für all diese Fragen eine Lösung. Nach langen Verhandlungen mit den Banken hatten wir einen Gesamtkostenvoranschlag von sechzehn Millionen, verteilt auf zehn Jahre, ausgearbeitet. Der Plan war, dass uns die Bank zehn Millionen Franken in Tranchen, je nach Baufortschritt, als Kredit geben und das «Vieux Manoir» in diesen zehn Jahren die restlichen sechs Millionen erwirtschaften würde. Dafür hatten wir eine von der Bank unterschriebene Vereinbarung.

Ich genoss die Zeit in diesem schönen Haus mit dem wunderbaren Park und dem tollen Essen enorm. Es war mein Hotel, ich hatte es aufgebaut, genau so, wie ich es haben wollte. Das war ein tolles Gefühl. Ungefähr einmal im Monat fuhr ich nach Murten für Sitzungen und um nach dem Rechten zu sehen. Ich wohnte dabei immer in verschiedenen Zimmern, um jedes einzelne kennenzulernen und zu sehen, was fehlte oder was noch verbessert werden konnte.

Auch die Familie kam immer wieder in den Genuss des «Vieux Manoir». Viele Familienfeste feierten wir dort. Meinen sechzigsten und siebzigsten Geburtstag zum Beispiel sowie die Hochzeiten zweier meiner Kinder: Der Christian heiratete 1992 die Valerie Schwotzer, die Livia vier Jahre später den Donat Agosti. Die Martina hatte schon einige Zeit vorher geheiratet, den Albert Zogg, mit dem sie bereits seit Jahren zusammen war. Ihr Hochzeitsfest fand im «Kulm» statt. Zu unserer grossen Freude wurde darauf, im April 1982, die Nina geboren, unser erstes Enkelkind. Und so war ich jetzt plötzlich Grossmutter. Die Nina kam oft zu mir zu Besuch. Schon damals, als ich noch im «Kulm» war, und später dann ins «Eden». Wir gingen zudem mehrmals zusammen nach Murten und bauten von klein auf eine enge Beziehung auf.

Das «Vieux Manoir» konnte ich relativ gut nebenbei bewältigen, weil es ein Sommerbetrieb und das «Kulm» in erster Linie ein Winterbetrieb war. Obwohl wir seit Mitte der Siebzigerjahre im «Kulm» gleichermassen eine Sommersaison aufbauten, ebenfalls mit einem Programm für die Gäste. Die grösste Attraktion war das allwöchentliche Gipfelfrühstück auf dem Weisshorn. Um zwei oder drei Uhr morgens weckten wir die Gäste, und der Hans wanderte mit ihnen in der Dunkelheit auf den Berg. Zuerst lief man im Schein von Fackeln, dann wurde es langsam hell und zum Sonnenaufgang war man auf dem Weisshorn angelangt. Der Hans trug das Frühstück im Rucksack mit. Ich ging nur ein paarmal mit, aber der Hans machte das, sofern das Wetter es zuliess, jede Woche. Glücklicherweise wurde es im Laufe des Sommers immer später Tag, und im Herbst musste man nicht mehr um zwei loslaufen, sondern konnte bis vier Uhr schlafen. Ausserdem veranstalteten wir jede Woche ein Picknick in der Isla.

Mit der Zeit hatten wir eine einigermassen gute Sommersaison aufgebaut, doch im Vergleich zur Wintersaison blieb es mühsam. Nur im Juli und im August lief es gut, im September flaute der Betrieb bereits wieder ab. Und natürlich konnte man nicht dieselben Preise verlangen. Zudem zeichnete sich langsam ab, dass die Zeiten für Ferienhotels in der Schweiz immer schwieriger wurden, denn das Hotelangebot schweiz-, europa- und sogar weltweit wuchs immer weiter. Im Winter hatten wir in Arosa durch den

Schneesport noch eine gewisse Exklusivität, aber im Sommer war die Konkurrenz riesig. Es war schwer, dann etwas zu verdienen. Wenigstens hatte ich so genügend Zeit, im Sommer regelmässig nach Murten zu fahren.

...

Trotz des beruflichen Erfolges ging es dem Hans und mir persönlich immer schlechter. Wir schafften es nicht, unsere Probleme zu beheben, wir versuchten es ehrlich gesagt gar nie wirklich.

Mit dem Umzug nach Arosa hatte sich alles verändert. Wir waren zu Beginn völlig überfordert mit diesem Hotel, und der Hans schottete sich immer mehr von mir und den Problemen innerhalb der Familie ab. Das war sein Überlebensmechanismus. Mir fehlt ein solcher leider bis heute, ich bin eher der Typ, der jede Schwierigkeit anpackt, einfach weitermacht, bis zum Zusammenbruch. Der Hans war sehr ehrgeizig und konzentrierte sich voll auf das Hotel. Er pflegte die Gästeseite intensiv, baute viele Kontakte auf, und das zahlte sich aus. Das war absolut sein Verdienst. Aber ich war ebenfalls ehrgeizig, und ich liess es mir nicht gefallen, einfach nur die Zudienerin des Herrn Direktor zu sein. Das ärgerte ihn. Er integrierte mich gegen aussen, bei den Shows zum Beispiel, doch das war nur eine Fassade. Er sah uns, ganz im Gegensatz zu mir, nie als Team. Bei den Journalisten – es war eine Meisterleistung, wie er durch intensives Lobbying seine Medienpräsenz aufbaute – redete er immer nur von sich. Mich erwähnte er gar nicht. Auch die Leistungen einer Frau gehörten damals dem Ehemann.

Jeglicher Erfolg des «Kulm» wurde ihm alleine zugeschrieben, so stand es jedenfalls in der Zeitung.

Der Hans fing ausserdem an, alles Gute für sich zu pachten. Für negative Dinge war er nicht zuständig, weder im Hotel noch in der Familie. Die Weihnachtsgeschenke für die Kinder und die Verwandten beispielsweise besorgte ich, aber er war es, der sie verteilte. Als dann der grosse Umbau im «Kulm» und die Probleme im «Vieux Manoir» dazukamen, wurde die berufliche Belastung noch intensiver. Wir waren einfach zu beschäftigt, um uns auch noch um unsere Beziehung zu bemühen. Sie verkümmerte vollkommen.

Ich hätte ihn schon längstens verlassen müssen. Er hatte andere Frauen, und alle im Dorf wussten das. Ich auch, aber ich deckte ihn. Ich tat genau das, wogegen ich mich ein Leben lang auflehnte und was ich allen Frauen übelnahm: Ich akzeptierte es einfach. Ich wäre es gewesen, die hätte gehen müssen, nicht er. Er war der Direktor, er wäre geblieben, und ich hätte alles verloren, was wir in den langen Jahren aufgebaut hatten. Ausserdem hatten wir trotz allem eine enge Verbindung. Das bilde ich mir zumindest ein. Wir waren so lange zusammen, hatten jahrelang Seite an Seite gearbeitet. Wir hingen aneinander, wir brauchten einander. Ich stellte das nicht in Frage, er hingegen schon. Er wollte mich nicht brauchen. Das «Giardino» war für ihn der ideale Zeitpunkt für den Absprung.

Eines schönen Tages kam ein Bekannter von uns, der Herr Hans Kündig, auf uns zu. Er hatte ein Grundstück im Tessin erworben, auf dem er ein Hotel bauen wollte, und suchte unseren Rat. Wir schauten uns das zu dritt, der Hans, der Herr Kündig und ich, an unserem Esstisch an, und so wurde die Idee «Giardino» geboren. Als klar war, dass dieses Projekt wirklich in die Tat umgesetzt werden sollte, kündete der Hans auf den ungefähren Termin der Eröffnung, den 1. Juni 1986, im «Kulm». Ich hatte dazu nichts zu sagen. Nachdem das «Vieux Manoir» sich zu meinem Hotel entwickelt hatte, wollte der Hans auch seinen eigenen Betrieb haben, ohne mich. Ich wollte eigentlich nicht weg vom «Kulm». Wir waren genau zwanzig Jahre lang dort. Und jetzt, wo der Betrieb endlich relativ reibungslos lief, wir alles im Griff hatten, sollten wir aufhören.

•••

Im März 1984 kam mein Banker Fritz Meisser auf mich zu. Man könne jetzt ein Aktienpaket des Hotels Eden in Arosa kaufen. Er sei in dieses Projekt involviert, und er würde mithelfen, sowohl als Banker mit einem Kredit als auch als Privatperson. «Wir könnten eine Gruppe gründen», waren seine Worte. Es müsse allerdings schnell gehen. Es gebe schon einen potenziellen Käufer, und falls wir mitmachen wollten, müssten wir uns sofort entscheiden. Mir war damals bereits klar, dass die Zeit im «Kulm» und mit dem Hans bald zu Ende gehen würde, und ich sagte zu. Innerhalb von vier Wochen gründeten wir eine Gesellschaft, bestehend aus dem Fritz Meisser, dem Fritz Aegerter und der Maya, der Mamme und mir. Mit einem grossen Kredit der Bank übernahmen wir das Aktienpaket im April 1984.

Ich wollte das «Eden» zusammen mit drei anderen Frauen führen, von denen mir zwei aber im letzten Moment absagten. Jetzt stand ich da und wusste nicht recht, was ich machen sollte. Der Christian war mittlerweile an der Hotelfachschule und schlug mir vor, er und seine Freundin Susi Sieber, die ich bis zu diesem Zeitpunkt noch gar nicht kannte, würden gerne einspringen und mir mit der Organisation dieses Hotels helfen. So kam es, dass der Christian von Anfang an im «Eden» als Juniorchef Fuss fasste. Sofort kam er mit neuen, modernen Ideen. Ganz anders, als ich es mir vorgestellt hatte. Die jüngere Generation hatte an der Hotelfachschule ein völlig neues Grundverständnis von einem Hotelbetrieb mitbekommen, wurde in anderen Fächern unterrichtet als wir damals. Zum Beispiel in Konzeptentwicklung, das war ein Begriff, der mir fremd war. Ausserdem hatten sie neue Methoden von Rechnungswesen, Aufbau und Organisation gelernt. Sie gingen an die Arbeit und machten es gut. Die Susi und der Christian teilten das Operating untereinander auf, und ich betrachtete mich als Seniorchefin. Natürlich gab es von Beginn an Probleme, aber das waren die typischen Anfangsschwierigkeiten, die bei einer Hotelübernahme immer drohten.

...

Im Mai 1986 wurden der Hans und ich geschieden. Kurz bevor er das Hotel Giardino eröffnete und wir offiziell aus dem «Kulm» austraten. Ich war bereits ausgezogen und hatte mir eine kleine Wohnung neben dem «Eden» genommen. Trotzdem wollte ich nicht, dass der Hans ging. Aber es war beschlossene Sache. Es fing eine neue Zeit an, für uns beide. Wir wurden vom Verwaltungsrat noch zu einem schönen Abschiedsessen eingeladen, und dann war das «Kulm» endgültig Vergangenheit. Der Hans eröffnete das «Giardino» bereits mit seiner neuen Freundin, die sollte dort die Rolle der Hotelière übernehmen.

Eine neue Generation

Im ersten Winter im «Eden» liessen wir den Betrieb einfach laufen. So, wie wir es übernommen hatten und so, wie es zu dieser Zeit in praktisch allen Mittelklassehotels lief. Es gab einen grossen Speisesaal und eine riesige Hotelküche, die diesen Saal bediente. In der Küche arbeiteten etwa zehn Köche, im Restaurant rund fünfzehn Kellner, sehr viel Personal also, denn alle Gäste assen abends mehr oder weniger zur gleichen Zeit. Um sieben wurden die Türen zum Speisesaal geöffnet, während schon viele Gäste ungeduldig davorstanden und darauf warteten, endlich eingelassen zu werden. Innerhalb einer guten Stunde wollten sie gegessen haben. Das Nachtessen im Speisesaal war damals das Kernstück der Hotelferien, nicht nur im «Eden». Dort konnte man sich mit den anderen Hotelgästen anfreunden, seine Kleider und seinen Schmuck präsentieren.

So führten wir das «Eden» im ersten Winter traditionell weiter, wie es sich alle gewohnt waren. Wir mussten ja zuerst einmal die ganzen Abläufe kennenlernen, schauen, wie dieser Betrieb funktionierte und wo die Schwachstellen lagen. Ausserdem lernten wir die Gäste kennen, auch die waren absolut traditionell eingestellt, passend zum Hotel und zum Konzept.

Da ich in diesem Winter 1984/85 noch ziemlich stark im «Kulm» engagiert war, schmissen der Christian und die Susi den Laden mehr oder weniger alleine. Sie schlugen sich gut.

Im Sommer darauf kehrten die beiden nach Lausanne zurück an die Hotelfachschule. Sie absolvierten noch den letzten Kurs sowie die Abschlussprüfungen. Im zweiten Winter fuhren wir zwar nach wie vor auf derselben Schiene weiter, aber jetzt fingen wir an, die Situation zu analysieren und uns Gedanken zu machen, wie sich das Hotel weiterentwickeln sollte. Es war klar, dass wir mit diesem Konzept von Speisesaal und traditioneller Kundschaft nicht weitermachen konnten und wollten, das war nicht nur zu aufwendig, sondern auch viel zu langweilig, da waren wir uns einig.

Nach diesem zweiten Winter im «Eden» gingen der Christian und die Susi nach New York, und die Susi stellte von Anfang an klar, dass sie für mindestens ein Jahr dort bleiben und in der darauffolgenden Saison nicht nach Arosa zurückkehren werde. Die beiden trennten sich, und der Christian kam allein wieder. Die nächsten zwei Jahre waren wir nun zu zweit im «Eden», er und ich.

Der Christian fing sofort an, einen Haufen Ideen zu entwickeln und neue Konzepte auszutüfteln. Ganz im Gegensatz zu mir war er auf dem Laufenden. Er hatte schon immer eine ausserordentlich gute Nase dafür, was gerade in Mode, was der Trend war. Und der Trend sei jetzt eine Bade-Oase.

Es gab im Untergeschoss des «Eden» bereits einen Whirlpool mit einer kleinen Bar und einigen Nebenräumen. Diesen Bereich wollte er zu einem Wellness-Club ausbauen. Zu einem Ort, wo man es lustig hatte, wo man nicht hinging, um Längen zu schwimmen, sondern wo man sich amüsierte und relaxte und das

Champagnerglas mit in den Whirlpool nahm. So weit gefiel mir die Idee. Doch er dachte weiter. Es brauche ausserdem einen Fitnessraum mit Trainingsgeräten, eine Sauna, ein Dampfbad und Massageräume, das gehöre heute dazu, da müsse man investieren. Die Räume dafür waren aber nicht vorhanden, die mussten extra erstellt werden. Dafür plante er einen schönen verglasten Anbau vor dem Untergeschoss.

Mir wollte nicht recht einleuchten, warum das alles so dringend nötig sei. Vor allem aber sagte ich: «Das können wir uns nicht leisten, das kommt viel zu teuer.» Soweit man die Einrichtungen in den bestehenden Räumen unterbringen konnte, hätten sich die Kosten in einigermassen tragbarem Rahmen gehalten, aber der verglaste Anbau war richtig teuer. Der Christian war sich hingegen absolut sicher, dass das die Grundlage für unser neues Hotel sein sollte und den Grundstein legen würde für das neue «Eden»-Konzept.

Die Banken hatten zu dieser Zeit wieder Geld und fingen erneut an, sehr leichtfertig, fast fahrlässig, grosse Kredite zu gewähren. Und sogar die SGH, die Schweizerische Gesellschaft für Hotelkredit, ohne deren Gutachten und Einverständnis man in der Hotellerie damals eigentlich überhaupt nicht bauen konnte, unterstützte diese Idee, obwohl ich begründete Zweifel äusserte. Der Christian setzte sich durch. Und er hatte auch recht, die Wellness-Oase wurde der Grundstein für das neue «Eden»-Konzept. Doch ich hatte ebenfalls recht, die Last, die wir damit übernahmen, war zu gross für uns. Das Wellnessprojekt brachte kaum direkte Mehreinnahmen, es diente lediglich dazu, mehr Gäste und vor allem ein neues Publikum ins Hotel zu locken. Also eine grosse Ausgabe, eine grosse Investition, aber kaum zusätzliche Einnahmen.

...

Wie gesagt, gefiel uns das Konzept eines grossen Speisesaals nicht mehr, ausserdem waren die damit zusammenhängenden Personalkosten viel zu hoch. Neben dem Speisesaal hatten wir vorne im Haus ein Passantenrestaurant, das überhaupt nicht lief. Die Hotelgäste wollten alle im grossen Saal sitzen und auswärtige Restaurantgäste kamen kaum ins «Eden».

Jetzt beschlossen wir, den Speisesaal aufzuheben. Im hinteren Teil bauten wir ein italienisches Restaurant ein, das zusammen mit dem bestehenden Schweizer Restaurant vorne im Haus für das Nachtessen der Hotelgäste zur Verfügung stehen sollte. Diese Restaurants wurden beide mit je einer bedeutend kleineren Küche ausstaffiert und brauchten deutlich weniger Personal. Wir hatten das ja schon zehn Jahre früher im «Kulm» ausprobiert, wo es nicht funktioniert hatte. Die Gäste hatten auf den Speisesaal nicht verzichten wollen, und es war klar gewesen, dass wir ihre Wünsche erfüllen mussten, da wir sie unbedingt als Gäste behalten wollten. Im «Eden» aber war die Ausgangslage komplett anders. Wir setzten ein neues Konzept um und nahmen bewusst in Kauf, dass ein Teil der Gäste nicht mehr kommen würde, weil es ihnen nicht mehr gefiel. Das machte uns keinerlei Kummer. So waren damals die Zeiten. In den Achtzigerjahren war immer noch Hochkonjunktur, und wir hatten überhaupt keine Angst, dass wir die ausbleibenden Gäste nicht mit neuen ersetzen konnten.

Die beiden Restaurants waren nicht gross genug für alle Gäste. Wir gingen davon aus, dass sie nicht mehr alle zur gleichen Zeit essen wollten, die einen kamen früh, die anderen spät. Oder dass sie einmal auswärts gehen würden, es gab zahlreiche Restaurants um das «Eden» herum.

Den Hauptteil des ehemaligen Speisesaals mit den grossen Fenstern renovierten wir. Die Lian Baur, eine Freundin vom Christian, plante die Innenausstattung und machte es fantastisch. Von einer befreundeten Künstlerin liess sie die Wand mit einem riesigen Theatersaal bemalen. Die Gäste hatten das Gefühl, als sässen sie auf der Bühne und schauten ins Publikum. Dieser Raum diente täglich als Frühstückssaal, mit einem grossen Frühstücksbuffet. Gleichzeitig nutzten wir ihn für die wenigen Abende in der Saison, an denen alle Gäste im Hotel essen wollten, wie zum Beispiel an Silvester oder an Weihnachten. Man konnte zwei Türen zur Hotelhalle öffnen und so zusammen mit der Halle und den beiden Restaurants wieder alle Gäste gleichzeitig für das Bankett unterbringen.

Das neue Konzept hatte ausserdem den Vorteil, dass wir die grosse Hotelküche im Kellergeschoss nicht mehr brauchten. Jetzt hatten ja beide Restaurants eine eigene kleine Küche. Über diesen Raum konnten wir nun verfügen. Hier hatte der Christian eine epochemachende Idee: Er funktionierte die ganze Küche, wie sie war, in eine Diskothek um. Alles, was er von der alten

Kücheneinrichtung noch gebrauchen konnte, liess er stehen. Aus dem Kochherd beispielsweise machte er das Podium für den DJ. Eine perfekte Lüftungsanlage war in der Küche ja bereits vorhanden. Er montierte sogar die Deckenverkleidung ab, damit man das Röhrensystem sehen konnte. Dieser Club machte unter dem Namen «Kitchen Club» schweizweit Furore und fand schon bald Nachahmer. Das war ein Volltreffer und ein grosser Erfolg für den Christian.

All diese Renovationen, Veränderungen und Investitionen machten wir etappenweise, jedes Jahr ein Stück, und so wurde das «Eden» sukzessive moderner und mondäner. Der nächste Schritt waren die Bar und die Hotelhalle. Diese wurden zusammengelegt, und der Christian baute eine lange Bartheke ein. Er sagte, es sei die längste der Schweiz. Diese Halle mit der Bar wurde zum Zentrum des Hauses. Zusammen mit dem «Kitchen Club» wurde sie zum Treffpunkt des Aroser Nachtlebens. Der Christian machte populäre Veranstaltungen, die fast immer ein grosses Publikum anzogen. Es gab viel Live-Musik, und die Halle war häufig total überfüllt. Später am Abend wurde die Diskothek geöffnet, und das Nachtleben verlagerte sich einen Stock weiter nach unten ins «Kitchen». Das «Eden» wurde immer bekannter und mehr und mehr zum «In-Hotel».

Kummer machte uns der Zustand der Hotelzimmer, die hätten längstens eine Generalüberholung nötig gehabt. Aber wir konnten nicht auch dort noch viel Geld ausgeben. Mit den vielen Neuerungen, die wir im Parterre und Untergeschoss gemacht hatten, stieg die Hypothek ohnehin ständig.

Zusammen mit der Lian entwickelten wir ein Konzept, das den Zimmern vom ersten bis zum dritten Stock ein «Facelifting» verpasste, ohne fundamentale Eingriffe in die Grundrisse. Es wurden lediglich ein paar Dinge aufgemotzt, damit die Zimmer wieder ansprechend und einladend wurden und den Gästen gefielen. Die gleiche Künstlerin, die den Theatersaal gemacht hatte, bemalte hier ebenfalls die Wände. Die fünfte Etage war erst sehr viel später aufgestockt worden und noch relativ gut im Schuss, die konnten wir belassen.

Der vierte Stock aber wurde zum ganz grossen Hit vom Christian. Er suchte Sponsoren, «Eden»-Fans und auch Lieferanten, von denen jeder ein Zimmer selbst gestaltete und finanzierte. So kamen wir zu einer Fülle von ganz besonderen, ausserordentlich tollen Zimmern. Zum Beispiel das Enzianzimmer mit einem handgefertigten Mosaik über den ganzen Badezimmerboden. Oder den «Garten Eden» mit einem Whirlpool mitten im Raum. Diese Zimmer wurden rasch ziemlich bekannt, riefen ein grosses Presseinteresse hervor und trugen viel bei zum neuen Renommee des «Eden».

1989 hielt die Valerie Schwotzer als Christians neue Freundin Einzug im «Eden». Sie hatte ebenfalls die Hotelfachschule in Lausanne abgeschlossen und brachte sich sofort voll in den Betrieb ein. Sie hatte grossen Anteil am Erfolg des Hotels. Im Juli 1991 kam ihre erste Tochter Anna Katharina auf die Welt. Ich freute mich wahnsinnig darüber, das war jetzt mein zweites Enkelkind. Und ebenso freute ich mich über ihr zweites Kind, meine dritte Enkeltocher Lisa Charlotte, die im April 1994 geboren wurde. Die beiden Mädchen waren oft bei mir, während ihrer ganzen Kindheit. Immer wenn sie kamen, sorgte ich dafür, dass ich mich voll auf sie einlassen konnte. Ein bisschen eine Kompensation für die Zeit, die mir immer gefehlt hatte, als meine eigenen Kinder klein gewesen waren. Ich erzählte Geschichten, las Bücher vor, wir sangen, spielten Klavier, machten Spiele. Ich genoss das.

Das «Eden» lief weiterhin gut. Mit jedem Umbau wurde es ein bisschen jünger, ein wenig moderner und fröhlicher. Die Atmosphäre lockerte sich mehr und mehr auf und zog entsprechende Kundschaft an.

Zu dieser Zeit war die Mamme fast den ganzen Winter in Arosa und wohnte im «Eden». Manchmal war auch ihre Schwester Romihi dabei, zeitweise zwei oder drei Wochen. Die Maya wohnte im Winter nach wie vor in Arosa und war mit dem Fritz oft im «Eden». Sie hatten jetzt eine Wohnung im «Tschuggen», nachdem der Fritz dort Präsident geworden war. Wir assen meistens alle zusammen Zmittag, und langsam, ganz allmählich, wurden wir zum «Tisch der Alten». Und wir Alten passten nicht ins neue Konzept. Oder zu uns Alten passte das neue Konzept nicht, das konnte man sehen, wie man wollte.

Die Situation wurde schwierig. Der Christian und die Valerie fingen an, mich als Last zu betrachten. Ich passte nicht mehr in ihr hippes «Eden», und sie sahen sich immer mehr als die eigentlichen Besitzer. Es störte die beiden, dass ich immer noch den gesamten Geldverkehr in der Hand hielt und nicht vorhatte, ihn abzugeben. Ich versuchte mit aller Kraft, den Betrieb im finanziellen Gleichgewicht zu halten, was immer schwieriger wurde. Bei den stetig steigenden Hypotheken musste ich mich mit der Zeit sogar selber finanziell beteiligen oder mich persönlich für die Kredite verbürgen.

...

Anfang der Neunzigerjahre begann noch eine ganz neue, eine ganz andere Entwicklung für mich. Unsere Generation war dazu erzogen worden, Gefühlsleben und Berufswelt strikte auseinanderzuhalten. Gefühle hatten nichts am Arbeitsplatz verloren, die hatte man gefälligst unter Kontrolle zu halten, das war die Devise. Zu dieser Zeit, wahrscheinlich im Anschluss an die Flower-Power-Bewegung, reisten viele, insbesondere junge Leute nach Asien und brachten die fernöstliche Spiritualität nach Europa mit. Wir hatten das bis anhin überhaupt nicht ernst genommen. Als im «Kulm» damals die erste Familie mit einer Hippie-Tochter aufgekreuzt war, hatten wir uns darüber lustig gemacht. Mit so esoterischem Zeug befassten sich ja nur Spinner.

Der Hotelierverein aber, der schon mit dem Unternehmerseminar fünfundzwanzig Jahre früher eine Pionierleistung vollbracht hatte, erkannte den Trend und bot ein neues Seminar an, das auf dieser Lebensanschauung aufbaute. Es war gewissermassen eine Weiterführung des Unternehmerseminars mit dem Titel

«Ganzheitlich führen – ganzheitlich leben». Ich konnte mir zwar darunter nichts vorstellen, trotzdem meldete ich mich sofort an.

Die Überraschung war riesig. Jetzt wurde nämlich genau das Gegenteil dieser strikten Trennung von Arbeitswelt und Emotionen propagiert: Körper, Geist und Seele sind eine Einheit, gehören zusammen, und wenn man glücklich und erfolgreich leben und arbeiten will, muss man aus dieser Einheit schöpfen. Man sollte nicht allein aus dem Kopf heraus handeln, wie wir das bis anhin getan hatten.

Der Kurs fing für alle Teilnehmer damit an, basierend auf den sieben Chakren, den sieben Energiezentren im Körper, sich selber kennenzulernen, sich vertraut zu machen mit seiner gesamten Persönlichkeit, den Gefühlen und Werten seines eigenen Lebens. Ziel des Kurses war es, eine neue Vision für den eigenen Betrieb zu entwickeln, sie basierend auf dem ganzheitlichen Menschen sozusagen «aufsteigen» zu lassen.

Am Anfang fand ich das alles etwas komisch, sogar fast ein wenig peinlich. Aber nicht nur ich, auch alle anderen waren zunehmend fasziniert von diesem ganzen Prozedere. Jeder Einzelne empfand sich am Ende dieser Woche als ein neuer Mensch, und jeder hatte eine neue, andere Vision für seinen Betrieb und für sein Leben gewonnen.

Von da an ging ich diesen Weg immer weiter. Ich fing an, mich selber kennenzulernen, mich mit mir auseinanderzusetzen. Beispielsweise mit der immensen Wut, die ich im Ranzen hatte. Die hatte ich bis anhin immer dem Pappe angelastet: Der Pappe war schuld, an allem. Das war ja sehr einfach. Mit der Zeit sah ich das differenzierter, wurde mir bewusst, dass ich auch wütend war auf die Mamme. Wegen diesem Vorbild der perfekten, untadeligen und glücklichen Hausfrau und Mutter. Ein Bild, das sie mir allerdings gar nicht vorgespielt hatte. Sie war das, das wurde mir erst dann bewusst. Für sie hatte das gestimmt, nur wollte ich das nicht akzeptieren und machte es ihr zum Vorwurf.

Es gab immer wieder Fortsetzungen, ähnliche Seminare, und da kamen häufig die gleichen Teilnehmer wieder. Ich entwickelte eine ganz neue Art, mit diesen eigentlich Fremden zu kommunizieren. Obwohl ich sie kaum kannte, konnte ich mit ihnen so privat, so persönlich reden, wie ich es mit Menschen, die mir nahestanden, nie getan hätte. Über Themen, über die ich bis anhin nie zu sprechen gewagt hatte. Die anderen erzählten ihre Geschichten ebenfalls, alles, was sie erlebt hatten. Ich war oft ganz entsetzt darüber, was für schreckliche Dinge viele Leute in ihrer Kindheit und Jugend hatten erleiden müssen. So, dass ich anfing, meine eigene Geschichte zu relativieren. Plötzlich kam sie mir nicht mehr gleich schlimm vor, wenn ich mich mit den anderen verglich. Und die Erkenntnis, dass andere ganz ähnliche Erlebnisse hatten, dass das, wovon ich bis anhin gemeint hatte, es sei nur mir passiert, dass es die gleichen Themen sind, überall, die aufgearbeitet werden müssen, die tat mir gut.

Ein paar Jahre später entdeckte ich durch die Anne-Marie Faucherre und ihre spezielle Atemtherapie noch einmal eine ganz neue Dimension. Ihre Methode des forcierten Atmens ist eigentlich uralt. Indem man sich mit Sauerstoff regelrecht überschwemmt, also zu viel atmet, findet man einen direkten Zugang zu seiner eigenen Innenwelt und der damit verbundenen Lebensenergie. Man kann unbewusste Blockaden wahrnehmen, daran arbeiten und sie mit der Zeit überwinden.

Die Anne-Marie bot verschiedene Veranstaltungen an, und die für mich wichtigste war ihre Atemwoche an der Ostsee. Ich hatte seit Langem geplant, seit es die DDR nicht mehr gab und die Grenze wieder offen war, noch einmal an die Ostsee zu reisen. Dorthin, wo ich vor dem Krieg als kleines Kind mit der Mamme gewesen war. Ich meldete mich sofort bei der Anne-Marie für diese Ostseereise an, und seither fahre ich jedes Jahr mit. Diese Woche tat und tut mir nicht nur irrsinnig gut, ich konnte dort ausserdem so richtig in die Geschichte meiner Mamme eintauchen. So fand ich langsam ein ganz anderes Verständnis für sie und ihr Leben und kam ihr dadurch näher. Ich spülte gewissermassen nicht nur meine Wut auf sie, sondern auch die auf den Pappe, meine ganze Lebenswut, in die Ostsee und wurde sie weitgehend los.

...

Im Winter 1994 begann ein junger Süditaliener namens Cosimo Citino, bei uns im «Eden» an der Garderobe zu arbeiten. Diese Garderobe lag damals genau neben meinem Büro, und ich sah diesen jungen Mann immer wieder. Er fing bald an, mit mir zu reden, mir aller Gugger zu erzählen und auf sich aufmerksam zu machen. Er erzählte von Süditalien, von Kalabrien, wo er herkam, und wiederholte, ich solle doch unbedingt mal nach Kalabrien kommen, ihn dort besuchen. Er würde mir gerne seine Heimat zeigen. Zuerst lachte ich nur. Reagierte genau so, wie ich und meine ganze Generation erzogen worden war, dass man auf so etwas nämlich nicht eingeht. Dass so etwas gar nicht sein kann. Irgendwann wird eine Frau alt, und wenn sie alt ist, kann man sie nicht mehr gebrauchen. Das war zwar genau einer dieser Punkte, gegen die ich mich auflehnte. Ich wollte als Persönlichkeit wahrgenommen werden, für das, was ich bin. Und natürlich wehrte ich mich gleichermassen gegen die allgemeine Auffassung, dass eine alte Frau keinen Wert mehr habe. Trotzdem verharrte ich selber genau in diesem Klischee.

Langsam aber merkte ich, dass ich mich freute, wenn ich ihn sah. Dass ich mich sogar nach ihm umschaute. Und irgendwann sagte ich: «Ja gut, dann komme ich im nächsten Frühling, nach der Saison, nach Kalabrien.» Diesen Schritt betrachte ich heute als absolute Pionierleistung. Ich war zweiundsechzig und der Cosimo vierunddreissig. Das war ein riesiges Tabu in der Gesellschaft. Und dann versteckte ich diese Affäre nicht einmal, sondern war absolut entschlossen, dazu zu stehen und sie ganz offen zu leben.

Sicher war ich nicht die Einzige. Sicher gab es damals, das ist jetzt mehr als zwanzig Jahre her, bereits Frauen, die solche Bekanntschaften pflegten, nur verheimlichten sie sie tunlichst. Ich glaube, ich ging relativ souverän damit um, aber die Leute wussten nicht, wie sie darauf reagieren sollten. Mir sagte nie jemand direkt irgendetwas ins Gesicht. Für den Cosimo war das viel schwieriger. Er musste diverse ganz unverschämte Kommentare schlucken. Ich betrachte es also ebenso als eine Pionierleistung von ihm, diesen Weg mit mir gegangen zu sein und öffentlich dazu gestanden zu haben. Ganz langsam, über viele Jahre hinweg, wurde die Gesellschaft etwas toleranter, und man schaute uns immer weniger schräg an.

Mit dem Cosimo fing für mich ein neuer Lebensabschnitt an. Ich reiste jetzt jedes Jahr zwei- oder dreimal nach Kalabrien und lernte seine Familie kennen. Mir war das am Anfang unglaublich peinlich, aber für sie war es das überhaupt nicht. Sie empfingen mich mit offenen Armen, mit ihrer natürlichen und lebensfreundlichen Art. Das ist unglaublich, ohne Vorbehalte wurde ich von den Familienmitgliedern willkommen geheissen, wohnte bei ihnen, ass bei ihnen und wurde mit Liebenswürdigkeiten überschüttet. Die Besuche beim Cosimo eröffneten mir einen Blick auf ein Leben, das ich nicht kannte. Alles war noch sehr archaisch, eine Grossfamilie, alle assen immer gemeinsam. Sein Vater, ein Bauer, der jeden Tag aufs Feld ging und das Essen nach Hause brachte. Die Frauen erledigten die Arbeiten im und ums Haus. Genau das, was ich immer abgelehnt hatte, dieses Bild, das passte dort so gut. Für den Cosimo wiederum war sicher meine Art von Leben eine absolut neue Welt. Ich denke, wir fanden gegenseitig ein grosses Erlebnispotential in unserer Beziehung und lebten das intensiv aus.

Natürlich wussten wir beide, dass wir eigentlich nicht zusammenpassten. Der Gegensatz unserer zwei Welten war frappant. In

Kalabrien lernte ich ein absolut harmonisches Familienleben kennen. Der Familienclan war und ist, zumindest in dieser Familie, noch heute die wichtigste Grundstruktur, und ich wurde sofort ein Teil davon. Im Gegensatz dazu war es für den Cosimo in der Schweiz viel schwieriger; er wurde von meiner Familie nie voll akzeptiert, obwohl er sich grosse Mühe gab. Er brachte seine tollen kalabresischen Spezialitäten mit und kochte mit überschäumender Liebenswürdigkeit für meine Familie, lud sie ein und versuchte, süditalienisches Ambiente zu mir nach Hause zu bringen. Er wollte zu meiner Familie dazugehören und er verstand nicht, was dem im Weg stand.

Einen Winter lang führte der Cosimo sogar das italienische Restaurant des «Eden». Er ist ja Koch und Pizzaiolo von Beruf. Aber seine Arbeitsmoral und seine Vorstellungen vom Berufsleben waren doch zu südländisch und mit den Erwartungen vom Christian nicht vereinbar. Er warf ihn bald wieder raus. Einerseits verstand ich den Christian. Anderseits heizte das die Kompetenzfrage zwischen ihm, der Valerie und mir erneut massiv an.

...

Im Herbst 1995 besuchte der Christian, wie ich zwei Jahre vorher, das Seminar «Ganzheitlich leben – ganzheitlich führen» und war genauso begeistert wie ich. Er wollte sofort alles im «Eden» umkrempeln und die Erkenntnisse, die er im Seminar gewonnen hatte, in die Praxis umsetzen. Er organisierte vor der Saison den ersten Teil des Kurses, «Innenreise», für die ganze Belegschaft, sogar ich machte mit. Zusammen erarbeiteten wir eine neue «Eden»-Vision. Es entstand eine riesige Euphorie. Leider konzentrierte man sich derart auf die esoterischen, spirituellen und psychologischen Aspekte, dass die ökonomische Seite dabei vergessen ging. Die Kosten liefen aus dem Ruder, und am Ende der Saison hatten wir ein grosses Defizit.

Wir hatten schon vorher das Aktienkapital vom «Eden» runtersetzen und wieder aufstocken müssen. Wie gesagt, musste ich Geld einschiessen, um die steigenden Hypotheken abzusichern. Dem Christian hatte ich bereits einen Drittel der «Eden»-Aktien überschrieben, um seine Position und unsere gemeinsame Basis zu stärken. Trotzdem bekamen wir jetzt Streit.

In den Neunzigerjahren fing ausserdem das Debakel mit den Banken an, die einem in den Achtzigern, sogar noch Anfang der Neunziger das Geld geradezu nachgeworfen hatten. Den Kredit für den Wellness-Club im «Eden» hatten sie ja fast schon gegen meinen Willen gesprochen. Es war die Zeit der Kundenfreundlichkeit gewesen. Jetzt aber machten sie plötzlich eine Kehrtwende um hundertachtzig Grad und erhoben die These, dass die Hotels, wir eingeschlossen, und sämtliche KMUs zu hoch verschuldet seien. Sie verlangten Geld zurück, sperrten und kündeten Kredite. Viele kleine und mittlere Unternehmen gingen Konkurs oder mussten liquidieren.

Ende der Neunzigerjahre fusionierten ausserdem der Bankverein und die Schweizerische Bankgesellschaft und wurden zur UBS. Durch diese Fusion waren beide Banken bereits mehrere

Jahre vorher voll und ganz mit sich selbst beschäftigt und hatten keine Zeit und auch kein Interesse mehr für das Kundengeschäft. Der ganze Ablauf im Kontakt zu den Kunden änderte sich. Zum Beispiel wurden einem immer wieder neue Sachbearbeiter zugeteilt. Nachdem ich jahrelang mit einem bestimmten Bankmann verhandelt und zu ihm ein Vertrauensverhältnis aufgebaut hatte, teilte man mir plötzlich mit, der sei jetzt nicht mehr zuständig, das sei jetzt der Herr Soundso. Irgendein junger Cacalari, der die ganzen Vorgeschichten nicht kannte. Und es waren immer wieder andere zuständig. Das ging nicht nur mir so, bei anderen Kunden lief das genau gleich.

Diese Situation mit den Finanzinstituten war ein wesentlicher Bestandteil des Debakels im «Eden», davon bin ich überzeugt. Man hätte eine Lösung finden können, die den Schaden im Rahmen gehalten hätte. Der Christian hatte einen guten Sanierungsplan ausgearbeitet, wir hätten von vorne beginnen können. Alle hätten mitgemacht, sogar die Steuerverwaltung, doch die Bank sperrte sich und verlangte nach dem Winter 1995/96 den Konkurs. Sie verlor dabei mehrere Millionen. Und ich auch.

Im Winter darauf konnte der Christian das «Eden» vom Konkursamt mieten. So entstand im «Eden»-Betrieb kein Unterbruch, es ging weiter wie immer, für die Gäste änderte sich nichts. Der Christian erwirtschaftete in dieser Saison wieder einen positiven Ertrag, quasi eine kleine Eigenkapitalbasis. Zusammen mit einem befreundeten Financier gelang es ihm, das Hotel aus der konkursamtlichen Versteigerung im Frühling zurückzuerwerben, und sie gründeten eine neue Gesellschaft, eine neue «Eden AG». Ohne Altlasten und ohne mich.

...

Der «Eden»-Konkurs, aber auch die Bankenturbulenzen hatten einen entscheidenden Einfluss auf das «Vieux Manoir». Wir steckten mitten in der Planung für den grossen Anbau und hatten einen unterschriebenen Vertrag mit der Bank, dieses Projekt in zehn Jahren durchzuziehen. 1990 begannen wir mit den Bauarbeiten. Als Auftakt erstellten wir einen Wintergarten mit Seesicht. Er wurde sofort zum Highlight des Betriebs, die Gäste wollten von nun an nur noch dort essen. Gleichzeitig gestalteten wir die Restaurantterrasse bedeutend attraktiver. Darauf folgte das Untergeschoss des Anbaus, die Basis mit Küche, Keller, Technikanlagen und Nebenräumen. Das war eine Etappe, die sehr viel kostete und keine direkten Mehreinnahmen brachte. Aber selbstverständlich blieb uns nichts anderes übrig, als mit dem Kellergeschoss anzufangen.

Als nächsten Schritt zogen wir den Anbau hoch, bis unters Dach. Das war die wichtigste Etappe, die mehr Zimmer, neue schöne Zimmer bringen sollte, mit entsprechendem Mehrumsatz. Aber dann fing in der Mitte der Neunzigerjahre das Bankentheater an. Plötzlich kam irgendein Vertreter der Bank, auch hier einer, den ich bis anhin noch nie gesehen hatte, fing an, alles zu kritisieren und eklige Fragen zu stellen. Wir standen mitten in den Bauarbeiten des Zimmertrakts. Der Rohbau des Anbaus war gerade fertiggestellt, und plötzlich sperrten sie mir alle Kredite und forderten, ich müsse ab sofort Amortisationen leisten, also Geld zurückzahlen. Mit dem Innenausbau konnte ich nicht mehr anfangen und den gesamten Bau, so wie er geplant war, nicht weiterführen. Wir hatten jetzt einen Rohbau mit etwa zwölf Zimmern, den wir nicht nutzen konnten. Wie hätte ich amortisieren können, ohne die Einnahmen durch die neuen Zimmer? Die Bank warf mir wiederum vor, ich hätte mich nicht an den Zeitplan gehalten.

Ich konnte das alles umso weniger verstehen, als das «Vieux Manoir» zu dieser Zeit hervorragend lief. Die letzten Jahre der Neunziger waren gute Jahre und 1999 wurde das «Vieux Manoir» sogar zum «Hotel des Jahres» gewählt. Das war eine tolle Auszeichnung und eine grosse Ehre. Wir bekamen eine gute Presseresonanz und dadurch einen rechten Schub an Publizität. Es kamen sofort mehr Gäste, ein richtiger Aufschwung wurde ausgelöst. Das Hotel lief fantastisch und wies beste Zahlen aus. Aber die Banken liess das offenbar kalt. Sie blieben bei ihrer sturen Haltung, und wir konnten nicht weiterbauen.

Leider gab es in diesen Jahren Differenzen mit dem Ehepaar Thomas, wohl auch im Zusammenhang mit diesen Bankengeschichten. Wir waren zunehmend nicht mehr der gleichen Meinung, und so entschlossen sie sich zu meinem Bedauern, das «Vieux Manoir» zum Ende des Jahres 2000 zu verlassen.

Der neue Direktor im «Vieux Manoir» war leider ein totaler Flop. Der Herr und die Frau Thomas hatten das Haus in einwandfreiem Zustand übergeben. Die Einnahmenseite hatte auch der Neue gut im Griff, die Kosten hingegen liefen ihm sofort total aus dem Ruder.

Im Jahr 2002 fand die Expo 02 im Drei-Seen-Land, und somit auch in Murten, statt. Es war ein absolutes Ausnahmejahr, den ganzen Sommer hindurch waren sowohl das Restaurant wie auch das Hotel gestossen voll, und wir machten einen entsprechend hohen Umsatz. Aber sogar unter diesen Voraussetzungen gelang es dem Direktor nur knapp, die Kosten zu decken. Die Bank jedoch verlangte Amortisationen, und dafür war kein Geld da.

Wieder musste ich mit jungen, ekligen Herren verhandeln, die das Hotel nicht kannten, die die Geschichte nicht kannten und vor allem von der Hotellerie nichts verstanden. Und die fingen an mich zu drängen, ich müsse das Hotel verkaufen. Ich hatte schon im Jahr 2000, nach unserer Auszeichnung zum «Hotel des Jahres», Interessenten, die das «Vieux Manoir» kaufen wollten. Es hatten sogar bereits Vorverhandlungen stattgefunden, ich musste mir ja überlegen, ob das eine Option wäre. Aber mir war rasch klar geworden, dass ich das «Vieux Manoir» nicht verkaufen wollte. Das «Vieux Manoir» war mein Kind, ich hatte es aufgebaut, und ich wollte es nicht weggeben. Ich wollte es behalten.

Vor allem wollte ich es nicht jetzt verkaufen, das war der ungünstigste Moment. 9/11, der folgenschwere Anschlag in New York im September 2001, hatte erneut die ganze Welt verunsichert und das kurze Aufblühen der Wirtschaft Ende der Neunzigerjahre beendet. Der Immobilienmarkt stand zu diesem Zeitpunkt quasi still. Niemand investierte mehr. Und das hiess natürlich auch, dass das «Vieux Manoir» zu diesem Moment nichts mehr wert war. Doch die Bank erhöhte den Druck.

Natürlich musste ich mir sowieso Gedanken darüber machen, wie lange ich das alles noch weiterführen konnte. Ob ich nicht wirklich langsam ein bisschen zu alt wäre. Ich war alleine, ich hatte das Nachfolgeproblem nicht gelöst. Auf eine Art wäre ich sogar fast ein wenig erleichtert gewesen, wenn ich diese Last hätte abgeben können. Aber wie gesagt, es war der allerschlechteste Moment. Es gab nur einen einzigen ernsthaften Interessenten, und der nützte die Situation aus und drückte hemmungslos auf den Preis. Doch die Bank liess mir am Schluss keine Wahl mehr. Ich musste es ihm geben. Zu den miesen Bedingungen, die er diktierte. Ich musste es ihm sozusagen schenken. Mein schönes, tolles «Vieux Manoir».

Ich verkaufte es im Januar 2004, nachdem es dreissig Jahre lang in meinem Besitz gewesen war. In dieser Zeit hatte ich daraus eines der schönsten Hotels der Schweiz gemacht.

Epilog

Ein paar Jahre bevor das «Eden» 1996 Konkurs gegangen war, hatte ich eine neue Wohnung in Arosa gekauft. Sie war nicht nur irrsinnig schön, ich konnte dort endlich auch problemlos singen und Klavier spielen und störte dabei niemanden. Sie tröstete mich etwas über den Verlust des «Eden».

Jetzt aber, wo ich das «Vieux Manoir» ebenfalls nicht mehr hatte, musste ich mir überlegen, wie mein Leben fortan aussehen sollte. Es war klar, dass ich nicht mehr gleich viel Geld zur Verfügung haben würde wie vorher und dass ich mich ein bisschen bescheidener würde einrichten müssen. Meine neue Wohnung war wirklich sehr teuer, der Hypothekarzins und auch die Unterhaltskosten waren hoch. Das konnte ich mir eigentlich gar nicht mehr leisten. Mittlerweile hatte ich zudem aufgehört mit Klavier und Gesang. Nachdem ich nun endlich einen Klaviersalon hatte, den Komfort, den ich mir immer sehnlichst gewünscht hatte, war es mir verleidet, jeden Tag stundenlang zu üben.

Genau zu dieser Zeit kaufte der Christian das Haus Lamm in Arosa. Dort plante er für sich und seine Familie eine Wohnung im obersten Stock und wir kamen darauf, dass man in der zweitobersten Etage ebenfalls eine Wohnung für mich einrichten könnte. 2006 zog ich ein.

Der Cosimo war zu Beginn der Zweitausenderjahre nicht mehr viel in Arosa. Er verbrachte die meiste Zeit in Italien, und zumal ich hier keine konkrete Aufgabe mehr hatte, fuhr ich ebenfalls wesentlich öfter nach Kalabrien.

In der Zwischenzeit waren die Valerie und der Christian mit dem «Eden» auf der Höhe des Erfolgs angekommen. Die Leute kamen extra wegen dem «Eden» nach Arosa, wegen der Valerie, wegen dem Christian und wegen dem Konzept. Sie hatten es geschafft, aus einem ursprünglich so durchschnittlichen, bünzligen Familienhotel etwas wirklich Spezielles zu machen. Das war eine grosse Leistung.

Allmählich jedoch wurden die baulichen Mängel, der Investitionsbedarf in teure Dinge wie Fassade, Dach und Installationen immer grösser und die Möglichkeiten, dieses Geld zu verdienen, immer kleiner. Bescheidene Erneuerungen der Gästeräume konnten Jahr für Jahr finanziert werden, aber für grundlegende teure Renovationen und Investitionen reichte es einfach nicht. Es wurde langsam immer klarer, dass das «Eden» abgerissen werden musste.

Von langer Hand planten der Christian und die Valerie, dass an demselben Platz wieder ein Hotel entstehen sollte. Mehrere Jahre schlugen sie sich mit den Behörden herum, mussten sich aber am Ende eingestehen, dass dieses Projekt nicht gelingen konnte. Im April 2011 fuhren die Bulldozer auf und machten das «Eden» dem Erdboden gleich.

...

Zu meinem achtundsiebzigsten Geburtstag veranstaltete ich eine letzte grosse Feier im «Eden». Die ganze Familie mit sämtlichen

Kindern und Enkelkindern, Nichten und Neffen sowie zahlreiche Freunde lud ich dazu ein. Auch ein beachtlicher Teil der Verwandten vom Cosimo aus Kalabrien kam. Es gab einen Auftritt einer speziellen kalabresischen Musikgruppe, ein wunderbares Diner und Tanz bis in die Morgenstunden. Es war grossartig, wie in alten Zeiten.

Das war etwas, was ich immer geschätzt hatte, die Familienfeste im «Kulm», später im «Vieux Manoir» und zum Schluss im «Eden». Wir, also meine Geschwister und die Eltern, hatten immer einen starken Zusammenhalt gehabt. Wir waren zwar keine zärtliche Familie, wir gingen eher ein wenig trocken miteinander um, aber wir fühlten uns während all der Jahre zusammengehörig und waren gern beieinander. Wir besuchten uns oft gegenseitig und unternahmen Reisli und viele andere Dinge gemeinsam.

Die Familie wuchs mehr und mehr. Nachdem die Maya den Nikki Kornfeld geheiratet hatte, im gleichen Jahr wie ich den Hans, heiratete die Muggi ein paar Jahre später den Peter van der Haegen. Sie waren Kommilitonen, studierten zusammen Nationalökonomie und doktorierten beide in diesem Fach. Aus ihrer Ehe bekam ich drei Neffen und Nichten, die Annette, die Ariane und den Patric. Mein kleiner Bruder Andres heiratete sehr viel später die Sylvia Meyer. Sie feierten im «Kulm», und sie bescherten mir einen weiteren Neffen, den Stephan.

Die Maya hatte keine Kinder. Mit ihr hatte ich schon immer den intensivsten Kontakt innerhalb der Familie, und das blieb auch so. Schon relativ bald nach unserer Übernahme des «Kulm» kauften sie und der Fritz Aegerter ein wunderbares Haus in der Lucchesia, eine dieser schönen Luccheser Villen, mehrere Hundert Jahre alt, mit einem grossen Umschwung, eigenen Weinstöcken und Olivenbäumen. Dort verbrachten sie zuerst nur den Sommer, während sie den Winter über in Arosa waren. Später wohnten sie das ganze Jahr über in Italien. Diese herrliche Besitzung wurde ebenfalls zu einem Treffpunkt für die Familie. Alle rösselten jeden Sommer dort runter, machten Besuche und verbrachten ein paar Tage in der Toskana.

Am 1. Juli 1997 starb die Mamme. Sie war über neunzig Jahre alt geworden. Zu ihrem neunzigsten Geburtstag hatten wir Kinder sie und einen Teil ihrer Enkelkinder nach Berlin eingeladen, wo sie aufgewachsen war, zurück zu den Stätten ihrer Kindheit. Wir hatten eine Tour durch die Stadt gemacht und all die Orte besucht, die früher eine Bedeutung für sie gehabt hatten.

Es war eine richtige Abschiedsreise. Danach ging es rasch bergab. Wir engagierten eine Frau, die sie tagsüber betreute, und versuchten, so oft als möglich bei ihr zu sein. Die letzte Woche ihres Lebens waren die Maya und ich an ihrer Seite, und am Morgen des 1. Juli starb sie. Wir waren sehr traurig. Sie hatte diese Familie zusammengehalten, und sie hinterliess eine grosse Lücke.

Mit dem Tod der Mamme fing ich auf einmal wieder an, an den Pappe zu denken. Er war schon so lange nicht mehr bei uns, seit 1975. Ich stellte fest, dass die Faszination für seine Persönlichkeit nach wie vor da war. Sie ist jetzt noch da, aber die Wut, die

Wut ist verschwunden. Ich konnte mich versöhnen, und das macht mich sehr froh.
Fünf Jahre nachdem die Mamme von uns gegangen war, rief mich der Andres an und sagte, er habe starke Schmerzen, er müsse ins Spital, man wisse nicht recht, was es sei. Leider stellte man fest, dass er einen Tumor hatte. Dickdarmkrebs, der bereits Metastasen in den Knochen und weiss ich wo überall gebildet hatte. Das war in richtiger Schock. Der Andres lebte noch ungefähr zwei Jahre. Er hatte zahlreiche Operationen und Therapien, aber am Schluss nützte alles nichts. Im Mai 2002 starb er.

Wir waren erschüttert, konnten es nicht verstehen. Der Andresli, unser kleiner Bruder. Er war elf Jahre jünger als ich und wurde nur neunundfünfzig Jahre alt.

Durch diesen Verlust fühlten wir uns als Familie schrecklich dezimiert. Jetzt waren wir wieder nur drei Schwestern, wie einst. Und sukzessive starben auch die Männer von der Maya und der Muggi. Plötzlich wurde der Tod immer mehr zu einem Thema, und ich fing an, auf mein Leben zurückzublicken. Wenn ich mich jetzt so zurückerinnere an meine Kindheit, was das für eine andere Zeit war … Es kommt mir vor, als sei es Hunderte von Jahren her, einfach ewig. Vor allem wenn ich an den Krieg denke, an die Menschen damals, voll von Angst und Sorgen, überall Mangel, Mangel an allem. Und jetzt, diese Überfluss- und Wegwerfgesellschaft. Alle wollen alles haben, glauben, dass sie jedes Recht auf alles hätten, erwarten und verlangen immer mehr und mehr. Ich kann es selber fast nicht glauben, eine derartige Entwicklung.

...

Während der Christian sein Glück in der Hotellerie machte, schlug die Martina zu Beginn einen ganz anderen Weg ein. Sie entwickelte sich politisch stark nach links und wollte keine Karriere machen oder einen Beruf verfolgen, der unseren Vorstellungen entsprach. Wir waren gleichzeitig aber immer der Meinung gewesen, dass jedes unserer Kinder selbst entscheiden dürfe, was es machen wollte. Obwohl mir diese Entwicklung zu Beginn gar nicht passte, imponierte mir die Konsequenz, mit der sie ihren Weg ging, ihr Leben nach ihren Vorstellungen gestaltete, mehr und mehr. Und ich vermute, dass sie viel kämpfen musste, um sich zu behaupten und durchzusetzen.

Interessant ist, dass sie sich schliesslich trotzdem ebenfalls der Gastronomie zuwandte, wenn auch auf eine ganz andere Art als wir. Gemeinsam mit Freunden übernahm sie das Kafistübli Angelika Kauffmann in Chur, sie führten es als Genossenschaft. Sie hatte sich scheiden lassen, als die Nina noch ganz klein war, und zog einige Jahre später mit ihr nach St. Gallen. Dort betätigte sie sich weiter in der Genossenschaftsgastronomie.

Eine Zeit lang entfernte sie sich ziemlich von mir. Doch im Laufe der Jahre näherten wir uns wieder mehr an, und ich bin froh, heute sagen zu können, dass wir die Differenzen hinter uns lassen konnten und uns sehr gut verstehen.

Die Livia studierte Jura und trat nach abgeschlossenem Anwaltspatent in den diplomatischen Dienst beim EDA ein. Sie fing eine äusserst interessante Karriere an und verbrachte viel Zeit im Ausland, ein Jahr in Paris, vier Jahre in New York, vier Jahre in Kairo und vier weitere Jahre als Schweizer Botschafterin in Teheran. Während ihrem New-York-Aufenthalt heiratete sie, wie bereits erwähnt, den Donat, der sie in ihrer Karriere stark unterstützte. Sie bekamen zwei Söhne: im März 1999 den Julius Gaudenz und im Oktober 2002 den Valentin Fidel. So bekam ich zu meinen drei Enkelinnen noch zwei Enkel, die ich, als sie noch klein waren, ebenfalls oft hütete. Der Valentin ist zwanzig Jahre jünger als die Nina, mein ältestes Enkelkind.

...

Ich war mittlerweile etwas über achtzig Jahre alt. Mir ging es bestens, und ich war zufrieden mit dem Leben. Unterdessen war sogar mein erstes Urenkelkind Marlina Alba geboren worden. Der Cosimo war nach Arosa zurückgekehrt und lebte wieder in erster Linie hier. Da ergab sich plötzlich die Möglichkeit, das Haus Merkur zusammen mit dem dazugehörigen Restaurant zu mieten. Der Cosimo fand das heraus und sagte: «Das wäre doch die Gelegenheit! Ich übernehme das Restaurant und du das Hotel.» Das «Merkur» liegt im Zentrum von Arosa. Es ist ein eher kleines Hotel auf einem bescheidenen Niveau, ganz anders als die Häuser, die ich früher geführt hatte. Trotzdem reizte es mich. Ausserdem hatte der Cosimo nun endlich die Möglichkeit, seinen grossen Traum zu erfüllen: Sein eigenes italienisches Restaurant, wo er seine authentische «Italianità» ausleben konnte. Und so fing ich halt noch einmal von vorne an. Ich kann es nicht lassen, das Hotel ist mein Leben.

Nachwort der Autorin

Annelise «Aisi» Leu ist meine Grossmutter, ich kenne sie schon mein ganzes Leben. Von klein auf verbrachten wir viel Zeit miteinander und hatten immer schon ein enges Verhältnis. Sie war keine «gewöhnliche» Grossmutter, zumindest empfand ich das als kleines Kind so. Sie war nicht rund und weich und gemütlich, wie ich das von vielen «Nanas» meiner Freundinnen kannte – sie war tough und resolut und äusserst geschäftig. Sie faszinierte mich.

Seit ich mich erinnern kann, erzählte sie ihre Geschichten. Aus ihrer Kindheit, der Kriegszeit, von ihren Eltern und vor allem aus dem Hotel. Ich hörte gerne zu, fand das ungemein spannend.

Irgendwann entschied ich, dass ich ihre Geschichte aufschreiben wollte. Dass ihr Leben und ihr Wirken unbedingt festgehalten gehörten und nicht nur in den Köpfen einiger weniger weiterexistieren sollten.

Meine Grossmutter freute sich sehr über diesen Vorschlag. Viele Stunden sind wir seither zusammengesessen und haben geredet. Einen Grossteil der Geschichten kannte ich bereits, aber ich lernte noch einmal eine ganz neue, persönliche und auch verletzliche Seite an ihr kennen. Sie erzählte in Basler Dialekt, ich zeichnete alles auf Tonband auf. In einem zweiten Schritt transkribierte ich die Gespräche. Aus den Hunderten Seiten Text entstand schliesslich dieser Monolog. Ich fügte zusammen, strich heraus, fragte nach und übersetzte in eine lesbare

Sprache. Aber ich fügte nichts hinzu. Und ich holte keine anderen Meinungen ein.

Alles, was in diesem Buch steht, ist Aisis Wahrheit. Es ist keine absolute Wahrheit. Geschwister oder andere Beteiligte mögen bestimmte Ereignisse nicht gleich in Erinnerung haben, an gewissen Stellen vielleicht sogar widersprechen. Es ist Aisis Lebensgeschichte. So, wie sie es erlebte, so, wie sie es fühlte und so, wie sie sich daran erinnert. Nicht mehr und nicht weniger.

Mein Dank für die Entstehung dieses Buches gebührt verschiedenen Menschen. Allen voran danke ich Véronique Schegg. Für die vielen Stunden, die sie für das Redigieren der Texte geopfert hat, die zahlreichen Telefonate und Diskussionen. Martina Leu, Ladina Schauer und Dr. Jürg Düblin danke ich für das kritische Durchlesen und die hilfreichen Kommentare, Jon Paulin Zumthor für die Geduld, die er mir und dem Projekt entgegengebracht hat, und Annalisa Zumthor dafür, dass sie mir den letzten Schubs gegeben hat, dieses Projekt in Angriff zu nehmen. Und natürlich bedanke ich mich bei Fabienne Leisibach, Gaby Ferndriger und Hansruedi Frey vom Verlag für die gute Betreuung und dafür, dass sie an diese Geschichte geglaubt haben.

Zu guter Letzt und von ganzem Herzen aber danke ich meiner Grossmutter Aisi. Für ihre Geschichte, ihr Vertrauen und dafür, dass sie mir ihr Leben so nahe gebracht hat.

Nina Zumthor, im Mai 2016

Glossar

Apéritif
hier: Veranstaltung, an der Getränke gereicht werden

a priori
von vornherein

Aide-directrice
Direktionshilfe

aller Gugger
allerlei

Badi
Freibad

Ballon
rundes Weissbrötchen, Semmel

Bändeli
Bändchen

Biscuitbüchse
Keksdose

blutt
nackt

Bomber
Kampfflugzeug

Bschiss
Betrug

bünzlig
spiessig

Bürsteli
kleine Bürste

Buschi
Baby

Butterrölleli
Butterröllchen

Cacalari
Idiot

Chasseur
Hotelpage

Chlapf
hier: Auto

Commis
Küchen- oder Servicehilfe

Cornet
Eis in der Waffel

Crèmeschnitte
süsses Gebäck mit Crèmefüllung

Crustacés
Krustentiere

Dancing
Tanzlokal

Doledeckel
Gullydeckel

Dreieckskäsli
Schmelzkäse in Dreiecksform

Economat
Warenlager

EDA
Eidgenössisches Departement für auswärtige Angelegenheiten

eklig
hier: unangenehm

en pension
zur Untermiete

Federlädli
Holzschachtel, zum Verstauen von Stiften

Fudi
Hintern

Gilet
Weste

Gipfeli
Croissant

Glacé
Eiscrème

Glacémännli
Eiscrèmeverkäufer

Glugger/ gluggern
Murmel/Spiel mit Murmeln

glusten
reizen

Goût
Geschmack

Guéridon
Beistelltisch, Arbeitsplatz des Kellners am Tisch

Gutzi
Keks(e)

hässig
wütend

Hörnli
kurze, gebogene Nudeln

Hudigäägeler
Ländlermusik

Kaffeemaschineli
kleine Kaffeemaschine

Kanti
Kantonsschule/Gymnasium

Kegelstübli
kleine Kegelstube

Kirchli
kleine Kirche

Krampf
anstrengende Tätigkeit

Lambretta
Motorroller der Firma Innocenti

Letzigrund
Fussballstadion in Zürich

Main courante
Register für die Abrechnungen des Tages

Maître de plaisir
jmd., der Unterhaltungsprogramm organisiert und leitet

Mamme
Mama

Marchand tailleur
Tuchhändler/Schneidermeister

Mueti
Mama

Nachtessen
Abendessen

Nana
Grossmutter

Office
Schnittstelle zwischen Küche und Restaurant

Gottenkind
Patenkind

Göppel
Fahrrad

Pappe
Papa

Pass
Lift von Küche ins Office

Pfadi
Pfadfinder

Ranzen
Bauch

Reisli
kleine Reise(n)

Romandie
französischsprachige Schweiz

rösseln
fahren

Schätzeli
kleiner Schatz

Schlagrahm
Schlagsahne

Schoggirolle
süsses Gebäck mit Schokoladenfüllung

Schokolädli
Stückchen Schokolade

Schopf
Scheune

Schoppen
Milchfläschchen für Säuglinge

Siech
hier: Typ

Stage/Stagière
Praktikum/Praktikantin

Supplément
Nachschlag/Zusatz

Tännli
Tännchen

Tanziball
Ball

Tätsch
Haue

Thé dansant
Tanztee, öffentliche Tanzveranstaltung

Topolino
Kleinwagen der Marke Fiat

Tram
Strassenbahn

tranchenweise
in kleinen Mengen

Tronc
Trinkgeldkasse

Trottoir
Gehsteig

Türk
übermässige Anstrengung

Urseli
«Gerstenkorn», kleiner Abszess am Augenlid

Vati
Papa

Velo/Velöli
Fahrrad/kleines Fahrrad

vergelstert
erschrocken, ängstlich verstört

Versteckis
Versteckspiel

vertätscht
umgefallen, zerschlagen

Voiturier
Chauffeur, Fahrer

Weggli
Milchbrötchen

Zmittag
Mittagessen

Zürcher Frauenverein
Frauenverein für Mässigkeit und Volkswohl

Züri Fäscht
Zürcher Stadtfest

Die Autorin Nina Zumthor mit ihrer Grossmutter Annelise Leu.

Die Autorin

Nina Zumthor ist 1982 in Chur geboren und aufgewachsen. Sie studierte an der Universität Zürich Allgemeine Geschichte, Publizistik und Linguistik. Heute lebt die freischaffende Historikerin mit ihrem Mann und ihren beiden Kindern in Chur. Die Biografie über ihre Grossmutter Annelise «Aisi» Leu ist Nina Zumthors erste Publikation.

Bildnachweis

Alle Fotografien aus Privatbesitz der Familie Leu, ausser:

Frontcover:
Bild «Kulm»: Kulturarchiv Arosa-Schanfigg.

Bildteil, S. 8:
Postkarte «AROSA KULM HOTEL, Bautafel Hallenbad 1970», Urheber unbekannt.

Bildteil, S. 15:
Bilder «Kulm»: Kulturarchiv Arosa-Schanfigg.

Bildteil, S. 16:
Innenbild «Vieux Manoir»: Hotelbroschüre «LE VIEUX MANOIR AU LAC», Relais & Châteaux, o. J., S. 6.
Aussenbild «Vieux Manoir», o. r.: Hotelbroschüre «LE VIEUX MANOIR», MetroComm AG, 2002, S. 3–4.
Aussenbild «Eden»: Kulturarchiv Arosa-Schanfigg.